AU ROY,

ET A NOSSEIGNEVRS
les Commiſſaires.

IRE,

LES RELIGIEUX, ABBE', PRIEUR ET CONVENT de l'Abbaye de Nôtre-
Dame des Dunes, ſituée au lieu dit Bogard, en la Paroiſſe de ſainte Walburge en la Châ-
tellenie de Furnes, au Dioceſe d'Ipres ; Remontrent tres-humblement à VÔTRE MAJESTE'
qu'en conſequence de l'Arreſt rendu en Vôtre Conſeil d'Eſtat le premier Fevrier 1683, par lequel
VÔTRE MAJESTE' auroit évoqué à ſa propre Perſonne les differens & conteſtations meuës &
intentées entre les Expoſans, & les Abbé & Religieux de l'Abbaye de Doeſt, ſoy-diſans les Abbé
& Religieux de l'Abbaye des Dunes établis en la ville de Bruges, appellans de la Sentence ou Ordonnance d'inſtitution à l'Abbaye des Dunes lez Furnes Dioceſe d'Ipres, donnée & accordée à
Dom Arnould Terraſſe, par le ſieur Abbé de Clervaux Superieur immediat de ladite Abbaye du
premier Aouſt 1678, interjetté & relevé pardevant le ſieur Abbé de Ciſteaux General de l'Ordre :

A

Et le fecond les complaintes refpectivement formées par les Parties, pour raifon du poffeffoire de ladite Abbaye, & ordonné qu'elles produiront refpectivement leurs titres, memoires & pieces pardevers le fieur du Gué Maiftre des Requeftes, pour à fon rapport, & aprés en avoir communiqué à Meffieurs Boucherat, Puffort, Courtin, & le Pelletier, y eftre pourveu par V. MAJESTE' ainfi que de raifon, lefdits Abbé & Religieux de l'Abbaye de Doeft, foy-difans les Abbé & Religieux des Dunes établis à Bruges, pour fatisfaire audit Arreft ont fait & produit leurs titres & pieces par Requefte prefentée à V. MAJESTE' le cinquiéme Mars 1683, fignifiée ledit jour au domicile de Maiftre Hazé Procureur au Grand Confeil, dont les Supplians ont bien voulu accepter & recevoir la fignification de l'imprimé qu'ils en ont fait faire.

DANS cette Requefte & jufqu'au feptiéme feüillet *recto* de l'imprimé, eft une Preface de l'inventaire contenant une forme d'avertiffement & moyens de Droit, fur l'appel & complainte formée refpectivement par les Parties qui commence par la déduction du Fait & l'introduction de l'Inftance & conteftation des Parties, dans lequel elles conviennent toutes pour la plufpart, finon en deux Points, qui font principaux & decififs.

LE PREMIER, qu'il y a eu union faite canoniquement de l'Abbaye des Dunes à Bruges, avec celle de Doeft, & enfuite tranflation de l'Abbaye des Dunes à Bruges, & que dans cette union & tranflation le titre de l'Abbaye de Doeft a efté totalement fupprimé, & n'eft demeuré que le titre de l'Abbaye de Nôtre-Dame des Dunes transferée à Bruges, qui eft le fecond fait avancé par lefdits Abbé & Religieux de Doeft à Bruges.

POUR réponfes à ces deux moyens principaux & dont les Abbé & Religieux de Doeft font tout leur fondement, lefdits Abbé & Religieux des Dunes établis d'ancienneté à Bogard prés Furnes Diocefe d'Ipres, difent formellement & pofitivement, que la pretenduë union n'eft point un titre qui fe prefume, il eft contre toute prefomption, il en faut juftifier par un titre pofitif, lefdits Abbé & Religieux de Doeft établis à Bruges n'en juftifient aucun & n'en fçauroient juftifier, il n'y en eût jamais, & elle eft contraire à toutes les regles : Le titre de Nôtre-Dame des Dunes eft toûjours demeuré fubfiftant en la Maifon de Bogard prés Furnes au Diocefe d'Ipres, comme l'Abbaye de Doeft eft toûjours demeurée fubfiftante au voifinage de Bruges fous la filiation de l'Abbaye des Dunes, dont l'une qui eft l'Abbaye de Noftre Dame des Dunes eft la mere, celle de Doeft autrement dite Cappellatofan eft la fille, toutes deux fubfiftantes feparement, & les Bulles des Papes Pie IV. & Pie V. & Gregoire XIII. ne contiennent aucunes unions de l'Abbaye des Dunes à celle de Doeft, non plus que celle de Doeft à celle des Dunes, lefquelles eftant eftablies feparément, dans la fubordination l'une de l'autre, fçavoir celle de Doeft à celle des Dunes comme à fa mere, & celle des Dunes à l'Abbaye de Clervaux, il n'en a efté fait ny pû eftre fait aucune union dans les regles, bien moins cemme le pretendent lefdits Abbé & Religieux de Doeft de l'Abbaye des Dunes à celle de Doeft, de la mere à la fille, contre les regles de la difpofition canonique.

IL eft veritable que le titre & dignité d'Abbé de Doeft a efté fupprimé, & la Manfe abbatiale unie à l'Evêché de Bruges, nouvellement erigée par le Pape Pie V. à la priere du Roy d'Efpagne Philippe II. mais non pas le nom de Monaftere ny la Manfe conventuelle, parce qu'il eft dit par la Bulle que c'eft fans diminution du Monaftere, tant pour le nombre des Religieux & des fujets qui compofent la Communauté reguliere, que pour le fervice divin qui n'en doit fouffrir aucun retranchement ny décharge, cela fe void dans la Bulle exprimé en ces termes, *volentes quod propter vnionem annexionem & incorporationem hujufmodi, in dicto Monafterio, divinus cultus, ac folitus Monachorum numerus nullátenus minuatur, fed ejus & Conventùs eorumdem congrue fupportentur onera confueta ;* & quand mefme il y auroit eu quelque diminution & quelque retranchement de la Manfe abbatiale de l'Abbaye de Doeft, par application & union à la Manfe de l'Evêché de Bruges nouvellement érigé, pour augmentation de fa dot : les chofes ont efté incontinent rétablies par la Bulle du Pape Urbain VIII. de l'année 1625 qui a feparé la Manfe abbatiale de ladite Abbaye de Doeft & l'a rétablie en fon entier & premier eftat, aux charges & conditions que ledit Dom Bernard Campmans contractant comme Pere immediat dudit Doeft, auroit à rétablir & reftaurer en fon lieu primitif le Monaftere & Abbaye de Doeft auprés de Bruges, ou bien au lieu d'iceluy en bâtiroit un nouveau en la ville de Bruges qui feroit Doeft, ou il y feroit faire l'Office divin, &c. en ces termes : *fub oneribus tamen fecundòdicto Monafterio incumbentibus, tam alendi Religiofos, reædificandi vel reftaurandi Monafterium Doeftanum, vel aliud ejus loco in civitate Brugenfis exftruendi, ac redditus paffivos ejufdem Monafterij Doeftani folvendi quàm alia quæcumque gravamina nullis exceptis fupportandi,* tant il eft vray donc qu'il n'y a eu ny union ny fuppreffion des titres foit de Doeft, foit des Dunes. Elles ont fubfifté toutes deux en leur premiere nature & titre d'Abbaye, & de Nôtre-Dame des Dunes & de Doeft depuis ladite Bulle d'Urbain VIII.

QUE s'il n'y a point eu d'union ou de fuppreffion de titres defdites Abbayes, bien moins y

a-il eu tranſlation de titre de l'Abbaye de Nôtre-Dame des Dunes en la ville de Bruges, le titre
en a toûjours ſubſiſté en la maiſon dite Bogard en la Chaſtellenie de Furnes au Dioceſe d'Ipres, la
tranſlation n'eſt non plus preſumable que l'union & la ſuppreſſion des titres, elles ſont toutes deux
contraires & oppoſées au droit commun & ordinaire, & ne peuvent eſtre juſtifiées que par des titres
formels, exprés & poſitifs ; or l'on n'en rapporte aucun, & l'on n'en peut rapporter aucune preu-
ve, il n'y en a point dans toutes les pretenduës Bulles, Placets, & Lettres patentes des Rois
Catholiques dont l'on ſe veut ſervir, & la tranſlation & l'union n'en avoient pû eſtre faites dans
les regles canoniqnes & ſelon le reglement de la diſcipline reguliere, pour leſquelles faire executer il auroit falu le concours des deux puiſſances Apoſtolique & Royale, non ſeulement des Rois
Catholiques, mais meſme bien plûtoſt des Rois de France, l'Abbaye des Dunes eſtant née en
France & dans le Royaume, ſous l'Evêché de Teroüane ancien Evêché du Royaume, ſitué en la
Chaſtellenie de Furnes, & maintenant dans l'Evêché d'Ipres, aprés le demembrement de Teroüane & tranſlation du Dioceſe à Ipres, qui ſe trouve maintenant reduit ſous l'obeïſſance de
V. Majeste', il auroit falu le concours de l'authorité de l'Evêque d'Ipres Dioceſain des lieux,
qui n'y eſt point intervenu, & ne fut jamais requis ny demandé, il auroit falu celuy de l'Abbé
Superieur immediat, & le conſentement du Chapitre general de Ciſteaux, qui n'y eſt point
non plus intervenu, & ainſi l'on ne peut pas dire qu'il y ait eu ny union ny meſme ſuppreſſion des
titres deſdites Abbayes, & ainſi tout ce qu'ont voulu bâtir & élever leſdits Abbé & Religieux de
Doeſt ſoy-diſans Abbé & Religieux des Dunes transferez à Bruges, ſur des fondemens ruineux,
ne peut ſubſiſter un ſeul moment.

Neanmoins dans la ſuite de ladite Requeſte leſdits Abbé & Religieux de Doeſt pretendus Abbé & Religieux des Dunes établis à Bruges, rapportent juſques à quatre moyens pour fonder & appuyer leur pretenduë tranſlation de l'Abbaye des Dunes en la Ville de Bruges.

Les premier & ſecond ſe peuvent joindre, que ç'a eſté pour ſatisfaire aux ordres & aux injonctions qui leur eſtoient faites par les Bulles des Papes Pie V. & Gregoire XIII. & ceux de leur
Chapitre general de Ciſteaux, qui leur enjoignoient de transferer leurs Abbayes dans les villes pro-
chaines, pour ne demeurer expoſez aux incurſions des Heretiques & ennemis de la Foy, des pirates
& écumeurs de mer, & des Gens de guerre ; car ſi ces Bulles & Reglemens des Chapitres generaux
ſont bien examinez comme ils le doivent eſtre, ces injonctions ne regardent que les Abbayes de
Filles & des Monialles, leſquelles à cauſe de la foibleſſe de leur ſexe, & la ſeureté de la cloſture
doivent moins ſubſiſter & demeurer à la campagne que ceux des hommes, qui ont plus de fer-
meté pour reſiſter à ces incurſions, auſquelles leurs premiers Peres & Fondateurs les ont bien
voulu expoſer, comme de fermes barrieres & des rempars aſſûrez contre ces incurſions.

Les troiſiéme & quatriéme moyens qu'ils alleguent pour authoriſer leurs pretenduës tranſlations, qu'outre les ordres & injonctions des Papes Pie V. & Gregoire XIII. ils ont eu encore
l'agrément & l'authorité du Roy Catholique, & de leur Superieur immediat l'Abbé de Clervaux,
qui ont confirmé & authoriſé leur pretenduë tranſlation de l'Abbaye des Dunes en la ville de
Bruges : Premierement il en faut juſtifier le fait qui n'eſt nullement prouvé par aucune piece :
En ſecond lieu il ne ſuffiroit pas du conſentement & authorité du Roy Catholique, quand meſme
il auroit eſté le ſeul Souverain & Seigneur dominant au temps de la pretenduë tranſlation, il faloit
encore le concours de l'authorité de V. Majeste', puiſque le lieu des Dunes eſtant originairement du Dioceſe de Teroüane, qui eſtoit du Royaume de France, & ledit Dioceſe éteint &
ſupprimé, & celuy de l'Evêché d'Ipres fait du demembrement de celuy de Terroüane & la Châ-
tellenie de Furnes où eſt ſitué la Maiſon & Convent de Bogard, ſe trouvent aujourd'huy heureu-
ſement reduits ſous la domination de V. Majeste', il faloit encore le concours de l'Evêque
d'Ipres, qui eſt le Dioceſain de Furnes & de Bogard, & qui l'a toûjours eſté lors de la pretenduë
& ſuppoſée tranſlation, & qui n'y ont jamais eſté requiſes, & n'y ſont en façon quelconque in-
tervenus, & ſi l'Abbé de Clervaux qui eſtoit lors y a donné ſon authorité, ç'a eſté ſous la charge
& condition que le tout ſeroit ratifié & confirmé au Chapitre general de l'Ordre, ce qui n'a
point eſté fait, ny requis ny demandé.

Dans la ſuite de la meſme Requeſte, leſdits Abbé & Religieux de Doeſt, ſoy-diſans Abbé
& Religieux des Dunes eſtablis & conferez à Bruges, examinent l'Ordonnance dudit ſieur Abbé
de Clervaux du premier Aouſt 1678. contenant l'inſtitution de Dom Arnould Terraſſe en l'Abbaye des Dunes à Bogard, & propoſent juſques à dix moyens d'appel, en voulant prouver la pretenduë union & tranſlation de ladite Abbaye des Dunes à Bruges.

Les pretendus moyens d'appel expliquez par ladite Sentence, ſont. Premierement, que
ledit ſieur Abbé de Clervaux n'eſtoit pas juge d'une confirmation, mais de l'agrément de celle
donnée par ſon Commiſſaire l'Abbé de Bandeloo. En ſecond lieu, que l'Abbé de Clervaux ne
pouvoit eſtre juge de l'union & tranſlation, eſtant faite d'authorité Apoſtolique & Royale,
en conſequence d'un decret du Chapitre general. En troiſiéme lieu, que la declaration de

nullité de la pretenduë union & tranflation a efté faite fans oüir les Parties intereffées. En quatriéme lieu, que la pretenduë tranflation ayant efté une fois confentie par l'Abbé de Clervaux, n'a pû eftre improuvée par fon Succeffeur. En cinquiéme lieu, que la declaration de nullité de l'union & de la tranflation a efté faite fur un fait faux & fuppofé, que l'Abbaye des Dunes foit toûjours demeurée eftablie en la cenfe de Bogard. En fixiéme lieu, que l'on a agi fur le fondement faux & fuppofé, que l'Abbaye de Doeft fût encore fubfiftante, ce qui n'eftoit point. En feptiéme lieu, que ç'a efté fur ce fondement qu'il y avoit deux titres d'Abbayes fubfiftantes, l'une de Doeft, l'autre des Dunes, n'y ayant plus aucun titre d'Abbaye de Doeft, qui eft demeurée fupprimée par la Bulle du Pape Pie V. En huitiéme lieu, que l'on n'a pû faire revivre le titre de l'Abbaye des Dunes à Bogard, au prejudice de la tranflation effective faite depuis cinquante ans en la ville de Bruges. En neufiéme lieu, que le fiege de l'Abbaye des Dunes eftoit remply en la perfonne de Dom Eugene Vandevelde, lors que l'Abbé de Clervaux a confirmé l'élection de Dom Arnould Terraffe. En dixiéme & dernier lieu, que par la Sentence & ordonnance du fieur Abbé de Clervaux, il a fait & feparé deux titres d'Abbayes des Dunes, l'une qu'il établit à Bruges, l'autre qu'il met à Bogard, en la Chaftellenie de Furnes au Diocefe d'Ipres.

Il ne fera pas difficile de répondre à tous ces pretendus moyens d'appel, qui ne demandent qu'un peu d'éclairciffement, pour confondre tous ces vains pretextes de pretendus griefs & moyens d'appel. Pour cela il ne faut que diftinguer deux titres d'Abbayes, qui ont toûjours efté feparées dés leur origine, & qui font toûjours demeurées feparées, l'Abbaye de Doeft ou Cappellatofan, prefentement en la ville de Bruges, fous la filiation & fubordination de celle des Dunes, & celle des Dunes à Bogard en la Chaftellenie de Furnes au Diocefe d'Ipres, proche les Dunes au Diocefe de Teroüane, devenuë du Diocefe d'Ipres, par le demembrement de Teroüane, où elle eft toûjours demeurée établie. Et il eft a remarquer que l'Abbaye de Doeft à Bruges, n'a efté que comme un refuge en la ville de Bruges à la Communauté des Dunes, quand elle s'y eft refugiée comme elle l'avoit cherché à Hulft ou elle avoit des biens, à Nieuport & autres lieux, mais qu'elle a toûjours confervé fon ancien efprit de demeure & de fixation au lieu de fon origine, ou dans le voifinage à Bogard, qui eft du mefme Diocefe, & à un quart de lieuë tout au plus des anciennes Dunes, ou elle eft enfin demeurée fixée fous la domination de Vôtre Majeste', comme elle eftoit originairement établie dans le Royaume & dans le Diocefe de Teroüane, qui eftoit un ancien Evefché du Royaume.

Ainsi les trois premiers pretendus moyens d'appel de ladite Sentence ou ordonnance du fieur Abbé de Clervaux du premier Aouft 1678, que ledit fieur Abbé de Clervaux ne pouvoit entrer en connoiffance de caufe, mais confirmer purement & fimplement l'élection faite en ladite Abbaye, & qu'il n'en pouvoit eftre Juge, l'union & tranflation des deux Abbayes eftant faite d'authorité Apoftolique & Royale, qu'il le pouvoit moins faire que les Parties intereffées n'y eftoient point appellées, tombent d'eux-mefmes, l'Abbé de Clervaux, comme Superieur General immediat, & confirmateur de l'élection, pouvoit ou devoit entrer en connoiffance des caufes, tous les Superieurs Ecclefiaftiques & confirmateurs d'élections y entrent toûjours, en faifant leurs procez verbaux de confirmation, ils ont droit & examinent par effet le procez verbal de l'élection qui leur eft prefenté, les merites des perfonnes éleuës, la maniere & la forme en laquelle a efté faite l'élection, *merita perfonnarum, formam électionis, & proceffum ipfius diligenter examinent*, il n'y avoit aucune union ou tranflation faite, n'y d'authorité Apoftolique, n'y d'authorité Royale : ce point confifte au fait, il s'en faut rapporter. Il ny en a jamais eu & les Bulles des Papes Pie IV. & Pie V. n'en portent rien, non plus que les pretendus Placets ou Lettres patentes du Roy Catholique, les Parties y eftoient prefentes, & en follicitoient le decret de la comfirmation de l'élection du fieur Abbé de Clervaux, Dom Arnould Terraffe d'une part, élu & nommé Abbé des Dunes à Bogard, Dom Martin Collé à prefent pretendu Abbé des Dunes, comme Procureur de Dom Eugene Vandevelde pretendu élu, ils reprefenterent l'un & l'autre toutes leurs pieces à leur Pere & Superieur immediat & confirmateur, Dom Martin Collé reprefentoit ledit Dom Eugene Vandevelde, il eftoit ce que l'on appelle en Droit Canon *refponfalis*, le Procureur & répondant pour élu, le fieur Abbé de Clervaux a rendu fon Acte de confirmation, & d'inftitution des luy, avec les Parties, & fur les pieces, ainfi il a gardé toutes les formes & procedures canoniques, & il n'y a rien à redire de ce Chef, à fon jugement, & ordonnance d'inftitution des Abbez éleus & nommez.

Il faut fuivre les autres pretendus moyens d'appel, le quatriéme que ledit Commiffaire du fieur Abbé de Clervaux, le fieur Abbé de Bandeloo ayant confirmé l'élection de Dom Eugene Vandevelde, le fieur Abbé de Clervaux ne la pouvoit infirmer *quòd femel placuit amplius difplicere non poteft*, n'a aucun fondement folide, le fieur Abbé de Bandeloo, Commiffaire & grand Vicaire du fieur Abbé de Clervaux, n'a point confirmé, n'y pû confirmer l'élection, il n'en n'avoit plus

le poule pouvoir, il avoit bien le pouvoir de confirmer l'élection *per interim*, & proviſionnellement pendant trois mois, comme porte la commiſſion du ſieur Abbé de Clervaux, juſques à ce que l'on en euſt porté le procez verbal de l'election audit ſieur Abbé de Clervaux, pour le confirmer comme il eſt de l'ordre, l'on l'a bien reconnu, puiſque l'éleu Dom Eugene Vandevelde y a envoyé Dom Martin Collé ſon Procureur & reſponſal ; l'Abbé de Clervaux ne s'eſt point dépoüillé de ſon droit & de ſon authorité de confirmation, & ne l'auroit peu faire *nemo abdicando ſe, amittit imperium*, il a pû deleguer ſes fonctions de confirmateur *per interim* & pour trois mois, à cauſe de l'éloignement des lieux, cela eſt meſme eſtably de droit au Chapitre *ſi proponente, de electione*, pour les élections faites en concorde, & quand les éliſans & éleus ſont au delà des monts, *& quia ultrà montes degit.*

Les cinq, ſix, ſeptiéme pretendus moyens d'appel, que l'on fonde ſur ce que l'on dit que le ſieur Abbé de Clervaux a fait ſon decret & ordonnance d'inſtitution de Dom Arnould Terraſſe pour Abbé des Dunes, ſur deux ſuppoſitions, l'une que l'Abbaye des Dunes ſubſiſtoit à Bogard, l'autre que l'Abbaye de Doeſt eſtoit encore ſubſiſtante à Bruges, que ces deux faits n'eſtoient veritables, & l'on dit hardiment que l'on en a fait voir la ſuppoſition, il n'y a rien de plus veritable que l'un & l'autre de ces faits, que l'on avance hardiment n'eſtre point veritables, l'on a juſtifié le contraire par pieces authentiques, & qui ſont hors de tout contredit, la ſubſiſtance de l'Abbaye des Dunes à Bogard, regie & gouvernée par ſes Abbez, du depuis 1601. juſqu'à l'Abbé Campmans, qui tenta d'en faire la tranſlation à Bruges, mais qui demeura toûjours ſubſiſtante à Bogard, Dom Laurent de Berghe, qui établit l'Abbaye des Dunes à Bogard, *conventum ſuum raduxit in villam dictam de Pomario ſeu Bogarde cum intentione illucdomicilium conferendi.* ce qui eſt tiré du *Compendium Chronologicum* de l'Abbaye des Dunes, produit au procez, ce qui fut confirmé par André du Cheſne de la ville d'Athe, Adrien Cancelier de la ville de Dunkerque, & de Bernard Campmans de la ville de Doüay, qui ſont tous rapportez dans la ſuite & nomenclature des Abbez des Dunes, dans le *Compendium Chronologicum*, & qui ont tous reſidé ſucceſſivement audit Bogard & dont le dernier pour marque d'une demeure permanente, honora le Convent & l'Abbaye au lieu de Bogard par la tranſlation de la precieuſe Relique du corps du Bienheureux Pere Idelſbalde troiſiéme Abbé des Dunes, decedé en l'année 1160. & trouvé entier & ſans corruption aprés ſix ſiecles, & transféré à Bogard, de l'authorité & par Monſieur l'Evêque d'Ipres comme Dioceſain, d'où ayant eſté enlevé furtivement, & transféré en la ville de Bruges, dans la tentative de la tranſlation de l'Abbaye, les Suppliants en demandent la reſtitution, & de toutes les autres Reliques, & Ornements de l'Abbaye.

Il en a eſté de meſme de l'Abbaye de Doeſt ou Cappellatoſan, que leſdits Abbé & Religieux de Doeſt, ſoy diſans Abbé des Dunes, diſent que le ſieur Abbé de Clervaux a preſupoſé ladite Abbé de Doeſt ſubſiſtante à Bruges, au lieu qu'elle n'y eſtoit plus, & qu'elle eſtoit ruinée, s'il y a de la ſuppoſition de ce fait, c'eſt de la part deſdits Abbé & Religieux de Doeſt, car ladite Abbaye eſtoit encore ſubſiſtante proche la ville de Bruges, lors de la nouvelle érection de l'Eveſché de Bruges, par le Pape Pie IV, en l'année 1564. & la Manſe abbatiale, ou partie d'icelle ayant eſté unie avec l'Eveſché, pour ſa dotation, ſans union ou ſuppreſſion de la Manſe conventuelle, par autre Bulle du Pape Urbain VII. du 31. Aouſt 1625. le demembrement & ſeparation des Manſes Epiſcopales & abbatiales a eſté fait à la charge de quelques Penſions annuelles a payer aux Eveſques de Bruges, & l'Abbaye de Doeſt eſt demeurée ſubſiſtante en elle meſme, comme elle eſtoit auparavant & aux conditions d'en retablir les ruines. Ainſi les deux titres d'Abbayes des Dunes d'une part, & de Doeſt d'autre part, ſubſiſtantes, & eſtant demeurées vacantes par le deceds de Dom Michel Bultink, qui poſſedoit toutes les deux, par uſurpation à l'égard de celle des Dunes, depuis la pretenduë tranſlation furtive & clandeſtine, que Dom Bernard Campmans avoit pretendu faire à Bruges, le ſieur Abbé de Clervaux d'apreſent Pere & Superieur de l'Abbaye des Dunes, de celle de Doeſt, qui eſtoit de la filiation de celle des Dunes & devenu Superieur par la vacance qui eſtoit de ſa filiation, & Superieur de l'une & de l'autre, a fait avec juſtice la ſeparation des deux titres, & conferé celle des Dunes à Dom Arnould Terraſſe au lieu de Bogard, & celle de Doeſt en la ville de Bruges à Dom Eugene Vandevelde, auſquels il en a donné reſpectivement ſes Lettres d'inſtitution canonique qui ſont dans l'ordre.

Le huitiéme pretendu moyen d'appel eſt fondé ſur une fauſſe preſuppoſition dans le fait, que l'Abbaye des Dunes ait eſté transferée depuis cinquante ans en la ville de Bruges, ce qui n'eſt point veritable, car il n'y en a jamais eu de tranſlation, ny dans le fait, ny dans le droit, ny en vertu des Bulles du Pape Pie V. ny en vertu des Bulles du Pape Gregoire XIII. qui n'ont jamais eu d'execution n'y d'application, que pour la tranſlation des Abbayes de filles & de Monialles, & non jamais à celles des hommes, & ſur cette preſuppoſition, qui n'eſt veritable ny dans le fait, ny dans le droit, il raiſonne de la ſorte, que le dernier état de l'Abbaye des Dunes, ayant eu ſon eſtabliſſement en la ville de Bruges, il n'a pû eſtre changé par la Sentence & ordonnance de l'Abbé de Clervaux dont eſt apel, ſans quelques formalitez & ſolemnitez canoniques, d'information de la commodité &

B

incommodité, de l'utilité & necessité de l'Eglise, car l'on nie & le fait & le droit, & qu'il y ait eu aucune translation de ladite Abbaye des Dunes faite en la ville de Bruges, le siege abbatial en estant demeurée à Bogard, dans le temps que l'on veut, qu'il ait esté à Bruges, & ne pouvant s'en trouver aucune Acte de translation effective à Bruges par aucune Bulle, aucun Placet ou Lettres patentes des Rois Catholiques, & ainsi n'y en ayant eu aucune translation effective par aucune Acte, il ne faut pas raisonner si elle a esté bien ou mal faite, parce que *non entis nullæ sunt quali-* *tates.*

LE neufiéme & dixiéme des pretendus moyens d'appel, n'est pas plus solide, & n'a pas un meilleur fondement; que le siege de l'Abbaye des Dunes establie à Bruges, estant remplie par l'élection faite de la personne de Dom Eugene Vandevelde élu par les Religieux du Convent des Dunes establie à Bruges, ou Dom Terrasse avoit concouru par son suffrage, qu'il y avoit donné, & l'Abbé de Baudeloo par sa confirmation, qu'il avoit pareillement fait de l'élection que l'on n'a pû du depuis élire au mesme Siege abbatial rempli canoniquement la personne de Dom Arnould Terrasse, tout ce raisonnement n'est fondé que sur une autre supposition, le Siege abbatial de Doest qu'occupoit Dom Michel Bultink ayant vacqué & demeuré a remplir, & non pas celuy des Dunes, qui demeuroit à Bogard, pour n'avoir jamais esté remply par ledit Dom Michel Bultink; ou si l'on le pretendoit remply par luy, c'estoit une pure usurpation, qui ne luy avoit acquis aucun titre, ne pouvant en mesme temps accumuler deux titres d'Abbayes distinctes & separées en sa personne, & par un déreglement encore plus grand, comme par un inceste spirituel, la mere & la fille, l'Abbaye des Dunes qui estoit la mere, & l'Abbaye Superieure, & l'Abbaye de Doest qui estoit la fille, & subordinée à celle des Dunes, il est donc bien plus naturel de dire que l'élection n'a esté faite à Bruges que de l'Abbaye de Doest, & à Bogard de l'Abbaye des Dunes, à celle de Doest de la personne de Dom Eugene Vandevelde à celle des Dunes de la personne d'Arnould Terrasse.

ET c'est ce qu'a establi nettement ledit sieur Abbé de Clervaux, dans son ordonnance de l'institution de Dom Arnould Terrasse en l'Abbaye des Dunes au lieu & Convent de Bogard, dont est appel, quand il a separé les titres desdites deux Abbayes, comme ils l'estoient en effet, & qu'il a dit dans son ordonnance ou Sentence dont est appel, *titulos dictarum Abbatiarum, Du-* *nensis scilicet seu Doestanæ, nunc in civitate Brugensi, ac de Dunis in Castellania & territorio furnen-* *si, ac Episcopatu Iprensi,* dont il fait son pretendu dixiéme moyen d'appel, car ledit sieur Abbé de Clervaux n'a jamais pretendu qu'il y eut deux Abbayes des Dunes, l'une à Bruges, l'autre à Bogard, il n'a presupposé qu'une seule Abbaye vaccante à Bruges, qui estoit celle de Doest, & celle des Dunes à Bogard; & s'il s'est expliqué de celle de Doest, en ces termes, à Bruges, *Dunensis seu* *Doestanæ,* ce n'a esté que pour s'accommoder à l'intelligence des Abbé & Religieux de l'Abbaye de Doest, qui donnoient faussement le nom de l'Abbaye des Dunes à celle de Doest, quoiqu'il n'y eust autre titre d'Abbaye à Bruges, que celuy de Doest, & ainsi il ne faut pas dire que ledit sieur Abbé de Clervaux détruise ce qu'il veut établir, & qu'il soit impossible que ladite Abbaye des Dunes soit en mesme temps en deux differents lieux, il ne l'a jamais pretendu, il a presupposé, comme il est veritable, que le titre de l'Abbaye des Dunes estoit à Bogard uniquement, comme celuy de Doest estoit uniquement à Bruges; & voila comme il faut concilier les contrarietés & les antinomies, que se figurent les Abbé & Religieux de Doest, soy disans Abbé des Dunes establies à Bruges, & détruit en mesme temps les monstres & les chimeres des deux Abbayes qu'ils se figurent estre en mesme temps en deux differents lieux, à Bruges & à Bogard, il n'y a qu'un titre d'Abbaye des Dunes, qui est uniquement à Bogard, & exclusivement de Bruges, où il n'y a que l'imagination blessée des Abbé & Religieux de Doest qui se l'a figurent en ce lieu, ou elle n'est point, & n'a jamais esté, comme le titre de l'Abbaye de Doest est demeuré uniquement à Bruges, sans meslange union ou association, de celle des Dunes en la ville de Bruges.

C'EST ainsi que lesdits Abbé & Religieux de Doest, tombent d'abismes en abismes, par leur faux raisonnement, quand ils s'engagent a combattre & impugner la confirmation que ledit sieur Abbé de Clervaux a donné à Dom Arnould Terrasse par sa Sentence ou ordonnance du premier Aoust 1678 dont appel, par sept moyens qu'ils expliquent dans la suite de leur Requeste, ou plûtôt la nouvelle confirmation qu'il a voulu donner à Dom Martin Collé, de l'Abbaye de Doest, en laquelle il avoit esté éleu, vaccante par la mort & le deceds de Dom Eugene Vandevelde, auquel il n'avoit donné non plus d'autre titre d'Abbaye dans son institution, que celuy de l'Abbaye de Doest, voicy donc quels sont les sept moyens de nullité qu'ils se figurent dans la confirmation donnée audit Dom Martin Collé, dont le premier est une veritable repetition des principes, contre les regles & les maximes, que cette institution offerte & signifiée de la part du sieur Abbé de Clervaux audit Dom Martin Collé, est en vertu & en consequence de la Sentence ou ordonnance dudit sieur Abbé de Clervaux du premier Aoust 1678. qui est nulle & ne peut subsister, l'on a fait voir & justifié qu'elle est dans les regles, & partant ce moyen n'a pû n'y deu estre allegué.

IL peut estre répondu la mesme chose sur les qualitez & le titre que l'on donne dans cette institution qui luy a efté offerte & fignifiée de la part du fieur Abbé de Clervaux, d'Abbé de Doeft, dont l'on dit que le titre d'Abbaye ne fubfiftoit plus il y a plus de cent ans, dont l'on fait le fecond moyen de nullité. L'on dit donc pour réponfe que le titre d'Abbé & de l'Abbaye de Doeft n'a jamais efté éteint & fupprimé, & que par les Bulles des Papes Pie IV. Pie V. & Gregoire XIII. mefme en confequence des Reglements des Chapitres Generaux de Cifteaux, il n'y a jamais eu d'union ny de fuppreffion du titre de ladite Abbaye de Doeft, mais feulement union de partie de la Manfe abbatiale pour l'erection du nouvel Evefché de Bruges ; la Bulle du Pape Pie V. de l année 1566. y eft formelle & expreffe, & le Pape Urbain VIII. par fa Bulle du 31 Aouft 1625. a fait le demembrement & la feparation defdites Manfes, & retablit l'Abbaye de Doeft en fon premier eftat moyennant certaines penfions annuelles à payer aux Evefques de Bruges.

Le troifiéme moyen de pretenduë nullité de l'inftitution de Dom Martin Collé à l'Abbaye de Doeft, qu'elle eft contraire à l'élection faite de fa perfonne à l'Abbaye des Dunes en la ville de Bruges, pour fucceder à Dom Eugene Vandevelde élû à ladite Abbaye, vaccante par le deceds de Dom Michel Bultink, auffi éleu & decedé Abbé des Dunes à Bruges, les uns & les autres confirmez en l'Abbaye des Dunes à Bruges, par le commiffaire & Vicaire General du fieur Abbé de Clervaux fur les lieux, le fieur Abbé de Baudeloo, tombent toûjours dans les mefmes erreurs les uns & les autres, n'ont pû ny dû eftre alleguées ny avancée, & reçoivent des mefmes réponfes & conciliations, par la diftinction de deux titres d'Abbaye fubfiftantes d'elles mefmes, celle des Dunes à Bogard uniquement, celle de Doeft en la ville de Bruges auffi uniquement, à laquelle Abbaye de Doeft feule & non à celle des Dunes ont efté & ont deu eftre éleus les Bultinks les Vandeveldes & les Collés & non à celle des Dunes, que par abus & ufurpation des titres & des qualitez qu'ils n'ont pû ny dû avoir.

Le quatriéme des pretendus moyens de nullité n'a pas plus de folidité & de fondement, quand lefd. Abbé & Religieux de Doeft, foy difans Abbé & Religieux des Dunes en la ville de Bruges, difent que ledit fieur Abbé de Clervaux reprouve la pretenduë confirmation donnée par fon Grand Vicaire ou commiffaire l'Abbé de Baudeloo, de ce qu'elle n'eftoit point reftrainte à un certain temps, comme elle devoit eftre, mais perpetuelle, quoique ledit fieur Abbé de Baudeloo n'euft le pouvoir de confirmer que provifoirement, & que pour un certain temps, la confirmation definitive eftant refervée au fieur Abbé de Clervaux, Prelat & Superieur immediat, comme fi les prelatures pouvoient eftre données pour un temps, & ne devoient pas eftre perpetuelles felon leur nature.

Ce pretendu moyen de nullité tombe encore de luy-mefme, l'on demeure d'accord que les confirmations des élections des Prelatures, non plus que les Prelatures ne peuvent eftre temporelles, quand elles font accordées par les Superieurs qui ont pouvoir de les donner, comme l'Abbé de Clervaux, mais non pas quand elles font donnée *per interim*, par leurs Grand-Vicaires & Commiffaires, comme celle de l'Abbaye de Doeft par l'Abbé de Baudeloo Grand-Vicaire & Commiffaire du Sieur Abbé de Clervaux en cette partie, qui ne peut confirmer les élections que provifoirement, fuivant les charges & conditions contenuës en fes Lettres de Grand-Vicaire qui font exprimées en ces termes : *Abbatiam de Dunis, reverendo confratri coabbatique noftro Domino Livino Vaenikens Abbati de Baudeloo tibi commifimus, ficut per prefentes committimus, omnia monafteria nobis & noftræ Claravalli in toto Belgio fine modo fubjecta, etiam ipfum de Dunis monafterium, vt pro noftrâ parte dum opus fuerit electionibus Abbatum Abbatiffarumque poffis adeffe, vt eas nomine noftro provifionaliter, confirmare, eâ conditione vt citius nobis inftrumenta publica electorum tranfmittantur ab electis, & noftram fpecialem confirmationem expofcant, & recipiant*, les Supplians en feront la production fous le bon plaifir de V. Majeste'.

Il a déja efté fuffifamment répondu au cinquiéme moyen des pretenduës nullitées de l'inftitution & confirmation donnée par le fieur Abbé de Clervaux à Dom Martin Collé, pour l'Abbaye de Doeft, en ce que lefdits Abbé & Religieux de Doeft, foy difans Abbé des Dunes, difent que l'Abbé de Clervaux confirme ledit Dom Martin Collé en ladite Abbaye de Doeft, dont le titre eftoit fupprimé il y a plus de cent ans, à laquelle il n'avoit efté nommé ny confirmé ; l'on a fait voir & juftifié le contraire, que le titre de ladite Abbaye a efté rétably & que mefme cette feparation & demembrement & union à l'Evefché de Bruges ont efté revoquées par la Bulle du Pape Urbain VIII. du 31 Aouft 1625, & ainfi il ne refte nul fondement en ce moyen.

Le fixiéme des pretendus moyens de nullité de la confirmation & inftitution donnée par le fieur Abbé de Clervaux audit Dom Martin Collé du titre de l'Abbaye de Doeft, n'eft pas mieux fondé, en ce qu'il eft dit & avancé que quand ladite Abbaye de Doeft auroit fubfifté en fa nature de titre Abbatial, que ledit fieur Abbé de Clervaux ne l'auroit peu donner, comme ladite Abbaye de Doeft ne dependant pas immediatement de luy, mais de l'Abbaye des Dunes, & qu'ainfi il n'auroit peu donner le titre de ladite Abbaye, & que ce feroit contre les Statuts de l'Ordre de Cifteaux & une entreprife qui feule rendroit ladite confirmation nulle. Il eft encore aifé de répondre à cette pretenduë objection, & rétablir cette pretenduë nullité ; car ladite Abbaye de Doeft dependant de ladite Abbaye des Dunes, qui eſt ſous la filiation immediate de Clervaux, il eſt certain que l'une & l'autre dépend de l'Abbaye de Clervaux, l'une immediatement, qui eſt celle des Dunes, l'autre mediatement, qui eſt celle de Doeſt, & qu'ainſi l'Abbé de Clervaux avoit du moins la puiſſance & l'authorité ſuperieure ſur celle de Doeſt, comme les Archeveſques & Metropolitains l'ont ſur leurs inferieurs, mais principalement quand l'un & l'autre des Sieges mediats & immediats viennent à vacquer, comme il eſtoit arrivé lors à l'égard des deux Abbayes des Dunes & de Doeſt, les éleus ſe preſentent au Superieur l'Abbé de Clervaux, ſçavoir ledit Dom Arnould Terraſſe, & ledit Martin Collé pour avoir leur confirmation, que le ſieur Abbé de Clervaux leur a donné chacun ſelon leur droit, à Dom Arnould Terraſſe pour l'Abbaye des Dunes, audit Dom Martin Collé pour celle de Doeſt.

L E ſeptiéme des pretendus moyens de nullité de la confirmation & inſtitution, offerte & donnée audit Dom Martin Collé pour l'Abbaye de Doeſt, n'eſt pas plus conſiderable, & plus recevable que les precedents, & n'eſt fondée que ſur une repetition & une repriſe des meſmes principes & erreurs, ſoit en la teneur de l'acte, ſoit en la ſignification, en ce que dans ledit acte d'inſtitution, l'Abbé de Clervaux prend des qualitez qui luy ſont deffenduës, & en la ſignification de l'acte audit Dom Martin Collé, en une Hoſtellerie, par deux Notaires, car il n'y a rien d'extraordinaire, & qui ne ſoit dans l'ordre, & dans les regles, & on s'en eſt déja expliqué ſuffiſamment, le ſieur Abbé de Clervaux y prend la qualité de Superieur, il l'eſtoit alors, parce que Dom Arnould Terraſſe, à cauſe des differents qu'il avoit avec les Abbé & Religieux de Doeſt, avoit prié le ſieur Abbé de Clervaux de prendre la conduite de ladite Abbaye de Doeſt & s'eſtoit demis entre ſes mains du gouvernement actuel de Pere immediat, ce fût auſſi la raiſon qui excita Dom Martin Collé a retourner à l'Abbé de Clervaux & non à ſon Pere Abbé, l'Abbé des Dunes, pour la ſignification faite à Martin Collé en ſon domicile, parlant meſme à ſa perſonne, elle n'eſt point hors des regles, l'Abbé de Clervaux luy en avoit offert les expeditions à luy perſonnellement, il les avoit refuſé, en ſorte que pour ne pouvoir eſtre rien imputé audit ſieur Abbé de Clervaux, il les luy a fait ſignifier en ſon domicile, parlant à ſa perſonne, il n'y a rien la qui ne ſoit dans les regles.

D A N S la ſuite de la Requeſte de production, leſdits Abbé & Religieux de l'Abbaye de Doeſt, ſoy diſans Abbé des Dunes, aprés avoir expliqué le fait & la procedure, & la conteſtation, & expliqué leurs pretendus moyens d'appel de la Sentence & ordonnance de confirmation & inſtitution du ſieur Abbé de Clervaux, donnée à Dom Arnould Terraſſe le premier Aouſt 1678. pour l'Abbaye des Dunes à Bogard en la Chaſtellenie de Furnes au Dioceſe d'Ipres, & expliqué leurs pretendus moyens de Droit pour ſoûtenir la pretenduë tranſlation de l'Abbaye des Dunes en la ville de Bruges, ceux des pretendues nullitez de la confirmation & inſtitution donnée à Dom Arnould Terraſſe de l'Abbaye des Dunes à Bogard, & de celle donnée à Dom Martin Collé, pour l'Abbaye de Doeſt en la ville de Bruges; entrent enfin dans la production des pieces qu'ils ont fait pardevers V. M A J E S T E' aux fins & inductions cy-deſſus expliquées, dont les originaux ny les coppies n'ont point eſté communiquées, & partant proteſtent leſdits Abbé & Religieux des Dunes à Bogard, de les contredire plus amplement & efficacement & en la forme, & au fonds, quand ils en auront eu la communication.

E T premierement ſous la cotte *A.* de ladite production, ils produiſent trois pieces, pour juſtifier que ladite Abbaye des Dunes ayant eſté ruinée, détruite & abſolument demolie dans le lieu de ſa fondation originaire, les Abbé & Religieux furent obligez de chercher ailleurs, & en differents lieux des retraites, à Hulſt, à Nieuport, à Bruges, & à Bogard, dans la Chaſtellenie de Furnes, où ils ont enfin fixé leur reſidence, chacune des parties en demeure d'accord, & cela ne peut donner le moindre avantage aux Abbez & Religieux de Doeſt, pour ſe dire les Abbé & Religieux des Dunes à Bruges, mais bien de leur ancienne Abbaye de Doeſt, ſous la filiation de celle des Dunes, à laquelle celle des Dunes ne fut jamais ny unie ny transferée par les Bulles des Papes, Placets, & Lettres patentes des Roys Cotholiques, qu'ils en produiſent les acte, il peut bien y en avoir eu quelques tentatives, mais qui n'ont jamais paſſé à l'execution d'une tranſlation definitive.

L A premiere piece, que l'on dit eſtre un procez verbal de miſe en poſſeſſion de Dom Laurent Vandeberghe, de l'Abbaye des Dunes, en celle de Loz, à cauſe de la deſtruction de celle des Dunes, ne ſert de rien pour en induire la fixation d'icelle en la ville de Bruges, & elle eſt totalement éloignée, & toute fottuite, & n'a rien d'extraordinaire, car les Supplians avoüent que le Monaſtere des Dunes n'eſtoit encore reſtably, ce qui fut fait enſuite de l'inſtalation dudit vaden Berghe qui commença peu aprés à la reſtablir; car il eſt dit dans le *Compendium Chronologicum* que ledit Vandeberghe, fixa enfin ſa reſidence en l'année 1600. *Laurentius Vandeberghe conuentum ſuum traduxit in villam dictam de Pomario ſeu Bogarde, cum intentione domicilium illuc conferendi.*

L A S E C O N D E du 28. Juin 1623, eſt un autre procez verbal de miſe en poſſeſſion de Bernard Campmans, de l'Abbaye des Dunes, ou il eſt dit qu'il ſera mis en poſſeſſion *domi vel foris*, pour montrer dit-on, que l'Abbaye des Dunes n'avoit point de fixation, neanmoins il eſt juſtifié par le

Compen-

Compendium Chronologicum de l'Abbaye des Dunes, fait par un Religieux du Convent & Monaſtere de Doeſt à Bruges, qui eſt produit au procez, que Laurent Vandeberghe ayant fixé ſa reſidence à Bogard en 1600, reſigna l'Abbaye à André du Cheſne, qui continua ſa reſidence à Bogard,
qu'à André du Cheſne ſucceda Adrien Cancelier de Dunkerque, qui continua ſa reſidence au
meſme lieu, qu'a Adrien Cancelier ſucceda Bernard Campmans de Doüay, que l'on dit par ce procez verbal de miſe en poſſeſſion y avoir eſté mis *domi vel foris*, ce fût pourtant au lieu de Bogard,
où il eſt dit qu'il fit tranſporter le corps du Bien heureux Ideſbalde, trouvé dans les ruines de l'ancien Monaſtere des Dunes, ce qui ſe fit & fût receu par l'Eveſque d'Ipres comme Diocesain, c'eſt
bien une marque de l'établiſſement du domicile à Bogard, que d'y fixer ſes plus pretieuſes Reliques,
comme les Anciens leurs Dieux domeſtiques, *ubi larem conſtituit*, en la Loy ſept *de incolis* au dixiéme livre du Code, & d'où le meſme Campmans n'eſt ſorti que pour ſe rendre à Bruges en 1627, que
par une eſpece de larcin, & d'une retraite clandeſtine, en tranſportant ces precieuſes Reliques,
qu'il avoit placez ſi honorablement au Convent de Bogard, *ubi corpus Ideſbaldi repertum honorificè
locavit*, à Bruges, dont les Abbé & Religieux des Dunes à Bogard ſupplient V. MAJESTE' de
leur ordonner la reſtitution & il paroiſt de cette piece qu'il y avoit alors un Monaſtere à Bogard,
car on donne le choix audit Campmans de ſe faire inſtaler à la maiſon ou dehors, *domi vel foris* ce
qui fut fait à Gand à cauſe de diverſes raiſons.

LA troiſiéme piece du 24. Novembre 1626, ſont des Lettres patentes du Roy Catholique, par
leſquelles il permet la tranſlation de l'Abbaye des Dunes en la ville de Bruges, ſur ce qu'il luy eſt
repreſenté par l'induction de la piece, que dés long-temps auparavant les predeceſſeurs des Supplians avoient eſté comme errants de côté & d'autres par la Flandre, à Bruges, à Hulſt, à Nieuport, & dans la cenſe de Bogard, toûjours errants, juſques à ce qu'ils euſſent établis leur reſidence à Bogard, ou Laurent Vandeberghe avoit enfin fixé ſon domicile, *conventum ſuum traduxit
in villam dictam de pomario ſeu Bogarde, cum intentione illuc domicilium conferendi*, de ſorte que par
tout ailleurs, meſme à Bruges, les Abbez des Dunes n'ont eſté que des errants & des pelerins,
juſques à ce qu'ils euſſent fixé leur domicile à Bogard, comme il eſt dit de la fixation du domicile
en cette loy ſeptiéme au Code *de incolis in eodem loco ſingulos habere domicilium non ambigitur, ubi
quis larem rerumque & fortunarum ſuarum ſummam conſtituit, unde non ſit diſceſſurus, ſi nihil avocet,
inde cum profectus eſt, peregrinari videtur, quod ſi rediit peregrinari jam deſtitit*, l'induction generale
que l'on tire deſdites trois pieces, n'eſtant pas plus étenduë que celle tirée ſous la production de
chacune d'icelles, qui font voir qu'il y a eu diverſes tentatives de fixer la reſidence de l'Abbaye des
Dunes en divers lieux, mais enfin que l'on s'eſt fixé à Bogard, & que toutes les autres reſidence que
l'on a cherché à Bruges, à Hulſt, à Nieuport, & ailleurs, n'ont eſté que des pelerinages, pour ſe fixer
enfin en la cenſe de Bogard.

SOUS la cotte *B.* de la production deſdits Abbé & Religieux de Doeſt ſont 8. pieces, pour
monſtrer comme porte la Requeſte, les diverſes difficultez qu'il y euſt en l'établiſſement de l'Abbaye des Dunes en tous les lieux qu'il a eſté traduit, dont l'on demeure d'accord de part & d'autre, mais ces difficultez n'en font pas plus la fixation en la ville de Bruges, que par tout ailleurs
où il a eſté transferé.

LA PREMIERE deſdites pieces, du 8. Mars 1570, eſt un pretendu extrait de la Bulle du
Pape Pie IV. laquelle l'on dit qu'il eſt ordonné par le Pape, que les Monaſteres ſituez dans les
lieux expoſez aux incurſions des Turcs, des voleurs, & des Heretiques, ſeront transferez dans les
villes voiſines, mais ſelon l'eſprit du Concile de Trente, dont les decrets eſtoient tous receus, &
pour l'obſervation & execution deſquels, le Pape Pie IV, Pie V, Gregoire XIII, auroient établis des congregations des Cardinaux, en la ſeſſion 25. *de Regularibus & Monialibus* au chapitre 5. les
reglemens ſont reſtraints aux Abbayes des Moniales & Religieuſes, voici comme il en eſt parlé en
cet endroit, *Et quia Monaſteria Sanctimonialium, extrà mœnia Vrbium vel oppida conſtituta, ma-
lorum hominum prædæ, & aliis facinoribus, ſine ullâ ſæpe cuſtodiâ ſunt expoſita, curent Epiſcopi, &
alij ſuperiores, ſi ita videbitur expedire, ut Sanctimoniales ex iis, ad nova vel antiqua Monaſteria
intrà Vrbes, vel oppida frequentia reducantur.* Ce n'eſt donc qu'à l'égard des Monaſteres des Religieuſes, outre que par les armes victorieuſes de nôtre Invincible Monarque, la Paix ſolide & affer-
mie eſtant donnée à l'Egliſe l'on n'a rien à craindre de ces incurſions des ennemis de la Foy & de la
Religion.

IL en eſt de même des Extraits produits dans la ſuite, pour la ſeconde & troiſiéme, des
Bulles du Pape Gregoire XIII. & du Chapitre General de l'Ordre de Ciſteaux, du 12 Juin 1574.
& 30. Avril 1584. qui ſont faites ſous les meſmes reſtrictions des Monaſteres des Moniales & des
Religieuſes, conformement au Concile de Trente dans l'endroit cy-deſſus cité.

LA QUATRIEME du 10. May 1584. eſt l'employ du procez verbal de miſe en poſſeſſion
& inſtalation produit ſous la cotte precedente, où il a ſon contredit, & partant n'en a pas beſoin
d'autre, ny de plus ample.

C

La Cinquieme, & sixiéme, du 24. Novembre 1626. est un Arrest du Conseil privé du Roy Catholique, & Lettres patentes délivrées en consequence, par lequel les Magistrats de Furnes s'estant opposez à la pretenduë translation de ladite Abbaye des Dunes à Bruges, l'on dit qu'ils en ont esté debouté, parce que peut-estre pour lors les lieux d'où l'on meditoit & ou l'on pretendoit faire la pretenduë translation, estoient sous la mesme domination des Rois Catholiques, mais ils y avoient encore un autre interest, qui subsiste encore, & auquel V. Majeste' aura égard s'il luy plaist, & de faire droit sur des nouvelles oppositions & empeschemens qu'ils y forment, à cause des Aumônes & charges locales a distribuer aux Pauvres des lieux de la Chastellenie de Furnes, qui demeuroient éteintes par cette translation, qui n'a jamais pû estre faite, ny n'a esté valablement faite par lesdites Lettres, qui sont obreptices & subreptices, & par plusieurs moyens tres pertinents & évidents.

Le Premier est, que les Religieux des Dunes exposent au Roy Catholiques que lesdites deux Abbayes avoient esté unies ensemble, & ne s'étoient separées en 1175. que pour le grand nombre des Religieux qui étoient audit Monastere des Dunes, ce qui est une supposition évidente, car jamais le Monastere de Doest, n'a esté uni avec celuy des Dunes & consequemment il n'a pû y estre réuni, sa fondation estant differente de celle des Dunes, & il y a eu toûjours des Abbé & Religieux differents dans l'une & dans l'autre Abbaye.

Le Second l'on suggere fort souvent au Roy Catholique que sans cette translation & union des deux Abbayes on ne pourroit recouvrer le moyen pour autrement la rebastir mais sans fondement ; car l'Abbaye des Dunes étoit suffisament bâtie à Bogard : Il y avoit une Eglise & des bâtiments tres-suffisants, & place pour entretenir la Communauté avec un Abbé, comme il appert par les atestations des habitans de la Chastellenie de Furnes produites cy-dessus à la Cotte C.

Celle de Doest se pouvoit aussi facilement retablir comme elle l'a esté effectivement dans la ville de Bruges, & comme l'Abbé Campmans avoit reconnu qu'elle se pouvoit retablir, si estant formelement engagé par la transaction. par laquelle il décharge l'Evêque de Bruges & s'oblige à reparer ce que ledit Evêque avoit obmis & à quoy il le vouloit obliger devant ladite transaction & accord ; or selon les decrets du Sacré Concile de Trente, toutes les unions des Monasteres qui sont obtenuës par des allegations fauses & faites avec subreption sont declarées nulles & invalides. *Vniones quæ per subreptionem vel obreptionem obtentæ fuerint irritæ declarentur* au ch. 6. Sess. 7. *de reformatione.* Et quand il ny auroit aucnne subreption où obreption dans lesdites Lettres patentes du Roy Catholique, le Pape Pie IV. a declaré nulles, toutes les unions, annexions, incorperations, suppressions & extinctions qui se feroient des Monasteres de l'Ordre, mesme à la sollicitation des Empereurs & des Rois. *ad quorumvis etiam Imperatoris Regum & aliorum principum instantiam.* Si elles n'étoient approuvées par le Chapitre General aprés un serieux examen des Monasteres qui se peuvent & doivent unir & autres formalitez, ce qui n'a pas esté faite comme il se voit dans l'Extrait produit dans l'Acte de la presente Requeste. Cottée G.

C'est pour cette raison sans doute que les Abbé & Religieux de Doest ne veulent entendre parler d'union des deux Abbayes & qu'ils s'en deportent dans leurs productions & Ecritures, ne faisant fort que sur la pretenduë translation laquelle cependant est appuyée sur l'union, comme il se void dans les Lettres du Roy Catholique produites par lesdits Religieux de Doest, puis qu'ils demandent formelement l'union des Dunes & de Doest, & qu'ils aleguent que sans cette translation ils ne pouvoient rassembler les ruines des deux places & qu'à ce dessein ils supplioient le Roy Catholique de leur permettre de réunir ces deux Corps. On doit donc colliger de la nullité de l'union, l'invalidité de la translation.

La Septieme du 24. May 1627. sont des pretendues Lettres patentes dit on, du sieur Claude l'Argentier Abbé de Clervaux par lesquelles, comme on dit, il approuve la nouvelle construction de l'Abbaye des Dunes en la ville de Bruges, l'union de celle des Dunes avec celle de Doest, ce qui n'a jamais pû estre executé, & n'avoit esté ordonné qu'à condition de faire ratifier, confirmer & approuver la susdite transaction & pretenduë union au prochain Chapitre general, ce qui n'a pas esté executé ny obtenu pour plusieurs raisons.

Cette dite piece peut-être deboutée par diverses raisons. La premiere est qu'on y fait mention expresse de l'accord fait entre l'Evêque de Bruges d'une part, & l'Abbé des Dunes de l'autre, touchant la separation & démembration de la Manse abbatiale de Doest, avec l'Evêché de Bruges, & consequemment l'on reconnoît dans lesdites Lettres patentes que l'Abbaye de Doest retourne en son premier état d'Abbaye comme elle estoit auparavant, car on ne peut approuver la transaction sans approuver son contenu : Et ainsi les Abbé & Religieux de Doest ne doivent alleguer en tant d'endroits que l'Abbaye de Doest est supprimée, puisque les pieces & lesdites patentes dudit sieur Abbé qu'ils apportent & produisent contre les Suppliants approuvent le retablissement d'icelle en son premier état.

LA Seconde raison. Le Prieur de l'Abbaye des Dunes Dom Antoine Salé asseure devant l'Abbé de Clervaux que la susdite transaction tournoit à une manifeste utilité du Monastere des Dunes, ce que la Communauté des Dunes dans la confirmation de ladite transaction étend à une utilité évidente des Dunes & accroissement de l Ordre. *Iudicavimus ceſſuram in evidentem Monaſterÿ noſtri prædicti, utilitatem, & totius Ordinis augmentum & decus.* Or cette transaction ne pouvoit causer utilité à l'Abbaye des Dunes, & accroissement à l'Ordre de Cisteaux sinon parceque l'Abbaye des Dunes recouvroit sa fille qui est l'Abbaye de Doest & l'Ordre de Cisteaux une dignité abbatiale. Il supposoit cependant que le titre abbatial avoit été éteint par son union à l'Evêché de Bruges.

LA Troisieme raison est que l'Abbé de Clervaux approuve ladite convention & par consequent tout ce qui en doit resulter. C'est pourquoy on ne peut s'empêcher de dire qu'il y a un erreur visible & intolerable dans la suite, quand il approuve le retablissement du Monastere des Dunes en la ville de Bruges, puisque ce retablissement est formelement contraire à la transaction & accord par lequel Dom Bernard Campmans se charge des conditions ausquelles il vouloit obliger l'Evêque, qui étoient d'entretenir ladite Abbaye de Doest & consequemment de la retablir quand elle ne seroit en son état. Et ainsi l'Abbé des Dunes s'oblige a retablir l'Abbaye de Doest & non pas celle des Dunes, à laquelle les conditions n'estoient aucunement annexes, par consequent cette piece remplie d'opposition ne peut attirer à soy aucune consideration.

LA Huitieme & derniere piece du 26 Fevrier 1683, sont des pretendus certificats mandiés des Bourgemestres Eschevins & Conseil de la ville de Bruges, par lesquels ils atestent, que Bernard Campmans Abbé des Dunes à Bogard, qui a tenté de faire la translation de l'Abbaye des Dunes en la ville de Bruges, que ledit Abbé a fait des grandes acquisitions de nouveaux bâtiments, & fait des grandes & nouvelles constructions pour l'établissement de ladite Abbaye en la ville de Bruges, ce qui n'est & ne peut estre d'aucune consideration, procedant de personnes interessées, qui ne disent pas que ces nouvelles constructions & toutes ces acquisitions ont esté faites des deniers, fruits & revenus tirés de l'Abbaye des Dunes lés Furnes, dont lesdits habitants voudroient profiter, quoy que cela soit de la derniere injustice, d'enlever aux habitans & Magistrats de la ville de Furnes, les avantages des aumônes qu'ils ont droit de tirer de ladite Abbaye, pour la nouriture & la subsistance des pauvres du voisinage & de ladite Chastellenie, pour raison de quoy ils ont delivré leurs certificats opposez à ceux des habitants de Bruges, ou ils sont bien plus interessez que lesdits habitans de Bruges, les inductions generales tirées desdites pieces, en fin de la production n'estant pas plus étendües que celle tirée de chacune piece en particulier, & partant n'ont pas besoin d'autre contredit.

Sous la cotte C. sont 10 pieces, produites pour montrer ainsi qu'il est dit & expliqué par la Requeste de production depuis la mort de Bernard Campmans Abbé des Dunes en la ville de Bruges, tous ceux qui ont esté élûs par les Religieux des Dunes, nommez par les Rois Catholiques, sur la presentation à eux faite des procez verbaux de l'ellection, confirmée & instituée par les Abbez de Clervaux Superieurs immediats de ladite Abbaye, ou de leurs Grand-Vicaires ou Commissaires generaux, Dom Josse du Corron, Dom Bernard Bottin, Dom Gerard de Barre, & Dom Michel Bultink, ont tous esté élûs, nommez, & confirmez, & instalez en l'Abbaye des Dunes en la ville de Bruges. *Abbates Beatæ Mariæ de Dunis in civitate Brngenſi,* d'où l'on doit conclure que l'Abbaye des Dunes a esté canoniquement transferée en la ville de Bruges.

Pour réponse à cette induction, qui est la seule & unique qui peut estre tirée de toutes ces dix pieces produites, qui sont les actes des ellections, nominations, confirmations & instalations, & mises en possession desdits Josse du Corron, Bernard Bottin, Gerard de Barre, & Michel Bultink, il faut remarquer qu'elles sont faites sur deux erreurs dans le fait, l'une qu'il y a eu translation canonique de l'Abbaye des Dunes en la ville de Bruges, l'autre qu'il y a eu union de l'Abbaye des Dunes avec celle de Doest en la ville de Bruges ; ces deux faits sur lesquels sont fondées lesdites inductions & fausses dénominations de l'Abbaye des Dunes en la ville de Bruges, sont également supposées : L'on ne sçauroit faire voir, ny dans le Fait, ny dans le Droit, qu'il y ait jamais eu ny de translation effective de l'Abbaye des Dunes en la ville de Bruges, ny d'union de la mesme Abbaye avec celle de Doest, il faut commencer par l'établissement du Fait, pour en conclure le Droit, & les conditions canoniques, & de la translation & de l'union ; l'on ne sçauroit justifier de l'un ny de l'autre, & ainsi quand on dit dans toutes ces pieces, & quand on parle de l'Abbaye des Dunes en la ville de Bruges, c'est de l'Abbaye de Doest en la mesme ville de Bruges qu'il le faut, & que l'on le doit entendre, comme a fait le sieur Abbé de Clervaux dans ses Ordonnances d'institution du premier Aoust 1678. d'où l'on a temerairement interjetté appel, & quelque déguisement des noms que l'on ait fait, l'on n'a pû changer la verité des choses, *veritas rerum, erroribus geſtorum non vitiatur*, en la Loy *illicitus au* §. *veritas* au digeste *de officio præſidis. Veritas rerum, erroribus geſtorum non vitiatur,* en la rubrique du Code *plus valere quod agitur quam quod ſimulatè concipitur.*

Sous la cotte *D.* font produites 9 pieces, qui font la prefuppofition des mefmes erreurs dans le fait, & dans le droit, que l'Abbaye des Dunes eftoit veritablement en la ville de Bruges, & qu'elle eftoit canoniquement unie à celle de Doeft, & contiennent lefdites neuf pieces des énunciations defdites qualitez des Abbé & des Abbayes des Dunes transferées en la ville de Bruges, & font mefme plûtôt des prefuppofitions defdites qualitez, fans l'examiner d'avantage, que des preuves & juftifications d'icelles, & partant elles ne peuvent eftre d'aucune confequence pour l'établiffement defdites qualitez des Monafteres & Abbayes des Dunes transferée à Bruges, & unie à celle de Doeft veritablement établies en la ville de Bruges.

Comme par exemple la premiere piece, qui eft dattée du 22. May 1628. eft une difpofition & ordination du Chapitre General de Cifteaux, par laquelle Bernard Campmans Abbé des Dunes refugié en la ville de Bruges, eft fait & creé definiteur du Chapitre General.

La Seconde du 27. Juin 1625. eft une commiffion de Vicaire accordée à Dom Bernard Campmans, qualifié Abbé des Dunes en la ville de Bruges, de toutes les Abbayes fituées en Flandre qui eftoient de la filiation dudit fieur Abbé de Clervaux.

La Troisieme du 8. Iuillet 1639. eft un bref du Pape Urbain VIII. adreffé audit Bernard Campmans, pour vifiter tous les Monafteres du Duché de Luxembourg, dans lequel il eft qualifié Abbé des Dunes en la ville de Bruges.

Pour contredit general contre lefdites pieces, l'on peut dire que les énonciations dans des actes de cette qualité ne difpofent point lefdites qualitez mais prefuppofent, *Enunciationes non probant* mefme à l'égard du Pape, la Clementine & le decret du Concile de Vienne commence par ces mots *litteris* ayant efté abrogée par le decret du Concile de Bafle au titre *de fublatione Clementinæ litteris*, receu par la Pragmatique Sanction, & par le concordat fous les mefmes titres.

Les quattres & cinquième pieces, du 5. Decembre 1649. & 8 May 1651 font des Lettres de Grand Vicariat, qualifiées patentes de l'Abbé de Clervaux, & de l'Abbé General de Cifteaux, accordées à Bernard Bottin, qualifié Abbé des Dunes en la ville de Bruges, pour ces qualitez mefme contredit que pour celle cy-deffus.

La fix, feptiéme, huit, & neuviéme pieces, font des femblables Grand-Vicariats & commiffions accordées par les fieurs Abbez de Cifteaux & de Clervaux, & Lettres patentes du Roy Catholique, approbatives d'icelles, données à Gerard de Barre, qualifié Abbé des Dunes en la ville de Bruges, pour adminiftrer & gouverner toutes les Abbayes eftant en Flandres, dependant defdits Generaux de Cifteaux & Abbé de Clervaux, pour lefquelles mefme contredit que ceux cy-deffus expliquez pour les pieces precedentes, lefdites qualitez n'eftant rapportées que par forme d'énonciation; & non de difpofition.

Sous la Cotte *E.* font quatre pieces, pour monftrer ainfi qu'il eft porté par la Requefte de production, que V. Majeste' n'a jamais pris ny confideré comme Abbaye des Dunes que le Monaftere fcitué en la ville de Bruges, & le Monaftere fcitué à Bogard que comme une Metairie une Ferme & un Domicile dependant de ladite Abbaye fituée en la ville de Bruges.

La premiere & feconde de l'année 1668. & 21. Avril 1671. font deux pieces tendantes afin d'obtenir de V. Majeste' une fauve-garde & exemption de gens de guerre pour l'Abbaye des Dunes fituée en ladite ville de Bruges, & pour le Monaftere cenfe & Metairie de Bogard, la premiere un Placet prefenté à V. Majeste' par les Religieux & Convent des Dunes, afin d'obtenir ladite exemption, pour ladite Abbaye cenfe Metairie & Monaftere de Bogard, au bas duquel eft l'ordonnance de renvoy au fieur Robert Intendant, Signé Louvois; la feconde la fauvegarde & exemption de logements de gens de guerre, accordé par V. Majeste' aufdits Abbé & Religieux des Dunes en la ville de Bruges, pour ladite Abbaye, cenfe & Monaftere & Metairie de Bogard, d'où l'on conclud que puifque V. Majeste' prend ladite Abbaye en fa fauve-garde & protection, il l'a confiderée comme le chef de ladite Abbaye eftant fituée en la ville de Bruges uniquement, & partant le membre en dependant, le Monaftere, cenfe & Metairie de Bogard.

Pour contredit aufdites pieces, & aux inductions que l'on s'éfforce d'en tirer à contre-fens il faut confiderer que V. Majeste' n'accorde fes fauves-gardes & protections qu'à ceux quelle confidere comme fes fubjets, & non point comme fes ennemis, & fubjets rebelles. & par confequent que puifqu'elle a accordé lefdites fauve gardes & exemption à ladite Abbaye, elle l'a confideré comme eftant originairement fondée en fon Royaume, aux Dunes proche Dunkerque, fous le Diocefe de Teroüane, depuis transferé en celuy d'Ipres, en la Ferme cenfe & Metairie de Bogard, en la Chaftellenie de Furnes, fous fa domination, & dans le Diocefe d'Ipres, & que fi V. Majeste' l'a regardée comme fituée en la ville de Bruges, ce qui n'a efté que comme transferée fortuitement, & refugiée pour un temps, & non pas permanément, auffi n'y eftoit-elle transferée que par ufurpation de nom, eftant veritablement demeurée en la cenfe de Bogard dés l'année 1600. par Dom Laurent Vendeberghe qui avoit fixé la refidence des Abbé fuivants, ce qu'ont confirmé trois Abbez fuivants, André du Chefne, Adrien Cancelier & Bernard Campmans,

lequel

lequel y ayant fixé encore plus conſtamment qu'aucun autre ſa reſidence , par le tranſport qu'il fit faire en l'Abbaye des Dunes à Bogard du Corps du bien-heureux Ideſbalde troiſiéme Abbé des Dunes , de l'authorité du ſieur Evéque d'Ipres, tenta neanmoins en l'année 1627. de tranſporter ſa reſidence en la ville de Bruges furtivement , ce qui ne fut approuvé , ny par le S. Siege, ny par le ſieur Evéque d'Ipres dioceſain , ny par les Superieurs mediats & immediats , ny par le Chapitre general de Ciſteaux , ny par voſtre Majeſté.

C'eſt dans cet eſprit que Voſtre Majeſté a conſideré l'Abbaye des Dunes transferée en la ville de Bruges , comme eſtant toûjours demeurée ſous voſtre domination dans le Monaſtere de Bogard & qu'Elle n'a conſideré ladite Abbaye en la ville de Bruges que comme une uſurpation , un vol , un larcin , & une ſouſtraction criminelle faite à voſtre domination.

Cela eſt d'autant plus marqué dans les deux pieces ſuivantes , qui ſont la trois & la quatre du 2. Novembre 1677. & 5. Janvier 1678. qui ſont des Arreſts du Conſeil de Voſtre Majeſté, par leſquels Elle met en poſſeſſion le Chapitre de Tournay des biens que ladite Abbaye des Dunes ſituée en la ville de Bruges poſſedoit dans les Chaſtelenies de Furnes & de Berghe , qu'elle avoit confiſquée , comme poſſedez par ſes ennemis & des ſujets rebelles : car Voſtre Majeſté ne conſideroit lors cette poſſeſſion faite par la pretenduë Abbaye des Dunes à Bruges que comme une uſurpation faite des biens de ſon Royaume par ſes ennemis, non pas comme Abbez des Dunes, mais comme Abbez de Doeſt ſituez à Bruges, prenant fauſſement & par uſurpation le nom d'Abbez des Dunes, ce que Voſtre Majeſté a aſſez marqué par ſon Arreſt du 2. Novembre 1677. quand elle leur a fait faire la ſignification, non pas comme Abbez des Dunes, mais aux Preſidents & aux Religieux de l'Abbaye des Dunes à Bruges , Voſtre Majeſté retenant pardevers Elle , & en ſon Royaume le titre de l'Abbaye des Dunes au lieu & Monaſtere de Bogard, dont elle n'a confiſqué les biens, & ne les a donnez par repreſſailles au Chapitre de Tournay , que parce qu'ils eſtoient effectivement uſurpez & injuſtement poſſedez par les Religieux de Doeſt à Bruges , & parce que l'Abbé Bultinck tenoit ſa demeure à Bruges : Et les inductions generales que l'onpeut enſuite tirer de la production deſdites pieces n'eſt pas plus étenduë que les precedentes , & partant n'ont pas beſoin de plus grand contredit.

Sous la Cotte F ſont cinq pieces , dont l'induction eſt procedée du fait & de l'expoſé de ce qui s'eſt paſſé en l'Election & nomination de Dom Arnould Terraſſe en l'Abbaye des Dunes à Bogard , & le fait ſuit de l'induction tirée des pieces , par leſquelles on pretend auſſi juſtifier que Dom Eugene Vandevelde fut auſſi canoniquement élû Abbé de l'Abbaye des Dunes en la ville de Bruges; en la place & par la mort de Dom Michel Bultinq.

Pour cet établiſſement leſdits Abbé & Religieux de Doeſt , ſoy diſans Abbé & Religieux des Dunes en la ville de Bruges , quoi qu'il ne fut veritablement qu'Abbé de Doeſt en la meſme Ville , auquel par uſurpation l'on avoit donné le tiltre d'Abbé des Dunes, l'on avoit élû en la ville de Bruges Dom Eugene Vandevelde , dont l'Election fuſt approuvée par le Roy Catholique , enſuite confirmée par l'Abbé de Clervaux , non pas comme Abbé des Dunes mais comme Abbé de Doeſt, l'Abbé de Clervaux ayant en meſme temps confirmé Dom Arnould Terraſſe comme Abbé des Dunes à Bogard , par l'Ordonnance & Sentence du premier Aouſt 1678 dont les Religieux de Doeſt à Bruges ont interjetté appel, dont l'inſtance a eſté évoqué par voſtre Majeſté, & en conſequence les parties ont expliquées leurs moyens d'appel, auſquels il a eſté répondu cy-deſſus.

Car de dire que l'Election & nomination dudit Dom Eugene Vandevelde , a eſté confirmée par l'Abbé de Baudeloo grand Vicaire de l'Abbé de Clervaux dans les Païs Bas , il ne l'a pû faire que *per interim*, & pour trois mois, à la charge de prendre l'inſtitution & confirmation du ſieur Abbé de Clervaux, conformément à la commiſſion qu'il lui avoit donné , & qui ſera produite au procez , qui le porte expreſſement ; *Electiones nomine noſtro proviſionaliter confirmare , eâ conditione ut citiùs nobis inſtrumenta publica electionum tranſmittantur ab electis & noſtram ſpecialem confirmationem expoſcant , & recipiant* , ce que n'ontpoint fait leſdits Abbé & Religieux de Doeſt en la perſonne dudit Dom Eugene Vandevelde, & dudit Dom Martin Collé, élû en la place dudit Vandevelde ; & s'ils l'ont fait, il ne fut receu autre confirmation que pour l'Abbaye de Doeſt, comme appert par les Lettres d'inſtitution que le ſieur Abbé de Clervaux en a offert & fait ſignifier audit Dom Martin Collé ; & qui ſeront produites au procez , ou par les Religieux de Doeſt, ou par les ſupplians. Voila ce qui eſt conſtant dans le fait , à l'égard de la confirmation deſdits Vandevelde & Collé , & de leurs Elections ; que s'ils ont eſté élûs & nommez Abbez des Dunes en la ville de Bruges, par abus & mauvaiſe uſurpation , ils n'ont eſté confirmez par le ſieur Abbé de Clervaux leur Superieur que comme Abbez de Doeſt en la ville de Bruges.

Et à ce qui eſt dit dans la ſuite du fait, pour authoriſer en quelque façon leur Election & nomination & confirmation , par les Religieux de Doeſt en la ville de Bruges ; nominationpar le Roy Catholique, & confirmation par l'Abbé de Baudeloo , Commiſſaire du ſieur Abbé de Clervaux, que Dom Arnould Terraſſe, y a contribué par ſon ſuffrage, on rêpond avec verité, que ſi ledit Dom Arnould eut pour lors ſçeu l'intention de voſtre Majeſté , & eut tant ſoit peu douté de la va-

E

lidité ou invalidité de ladite pretenduë translation, jamais il ne se fut trouvé en la ville de Bruges pour assister à cette Election, encore bien qu'il y avoit ordre de l'enlever par force; ce qui se pouvoit faire facilement par les soldats Espagnols de Nieupont, qui au plus fort de la guerre estoient à tous momens à la porte de ladite Abbaye à Bogard, non tant pour luy faire donner son suffrage que pour le maltraiter contre toute justice audit Bruges, comme il est apparu; car le mesme jour de l'Election, les Commissaires, qui estoient l'Abbé de saint André lez Bruges, & le President de la Chambre des Comptes du Roy Catholique, ayant fait venir en la salle de Doest ledit Dom Arnould, quoy qu'incommodé d'une cheute qu'il avoit eu en chemin, après plusieurs reproches qu'on luy fit pour la fidelité qu'il avoit promis à la France, en qualité de Superieur à Bogard, & autres discours qui pourroient offenser Vostre Majesté & la Nation Françoise, ledit President le mit en Arrest de la part du Roy son Maistre, que ledit Terrasse garda jusqu'au Vendredy Saint 1678. quand il fut mis en liberté pour se rendre à Dunquerque, mandé par le sieur Intendant Boistel, ce qui conste audit Dom Martin Collé qui a esté le principal Agent dans ce rencontre & qui est icy present.

A i n s i toutes les pieces produites sous cette cotte, tendantes toutes à l'establissement du fait cy-dessus exposé, & aux inductions qui en sont tirées aux mesmes fins, n'ont pas besoin de plus grand contredit que celuy expliqué.

L a premiere du 27. Mars 1678, un ordre du Duc de Villa-Hermosa, Lieutenant, Gouverneur, & Capitaine General des Païs-bas pour le Roy Catholique, pour l'Election de l'Abbé de Doest, faussement appellé des Dunes en la ville de Bruges.

La seconde du septiéme Avril mil six cens septante-huit, qui est le procez verbal de l'Election envoyé au sieur Gouverneur, pour donner sur iceluy sa nomination, ce qu'il auroit fait de la personne de Dom Eugene Vandevelde, l'un des Elûs, comme appert par la troisiéme dattée du 14 Avril 1678, qui sont les Lettres Patentes de nomination du Roy Catholique de la personne dudit Dom Eugene Vendevelde.

L a quatriéme du 23. Avril 1678, est le procez verbal d'installation & de mise en possession dudit Eugene Vandevelde en ladite Abbaye des Dunes en la ville de Bruges, ce qui n'a pû estre fait que figurativement, l'Abbaye des Dunes estant demeurée toûjours dans le Royaume de France, en la Chastellenie de Furnes, au lieu & Monastere de Bogard, au Diocese d'Ypres, où elle avoit pris sa naissance au Diocese de Teroüanne, d'où le Diocese d'Ypres n'a esté qu'un démembrement dans sa nouvelle erection de l'Evesché d'Ypres.

L a cinquiéme du 24. Avril 1678, est l'acte de benediction donnée audit Dom Eugene Vandevelde par l'Evesque de Bruges, qui doit demeurer restraint à ladite Abbaye de Doest, qui seulle est fondée & establie à Bruges, l'Abbaye des Dunes n'ayant esté ny pû estre tranferée en la Ville de Bruges; car dans le fait, il n'y eust jamais aucune translation, ny effective ny canonique, les bulles des Papes Pie IV. & Pie V. ausquels on les attribuë, n'en parlent point, au contraire celle du Pape Urbain VIII. du 31. Aoust 1625. contient la separation & le demembrement de la manse Abbatiale de ladite Abbaye de Doest, ou partie d'icelle à l'Evesché de Bruges nouvellement erigé; & ainsi toutes lesdites pieces ne peuvent de rien servir pour les inductions que l'on en veut tirer.

S o u s la cotte G. sont quatorze pieces, dont les inductions ne tendent qu'à faire voir que l'Abbaye de Nostre-Dame des Dunes transferée à Bruges, ayant vacqué aussi bien que l'Abbaye de Doest, qui est toûjours demeurée à Bruges ayant vacqué l'une & l'autre par la mort de Dom Michel Bultinq qui les possedoit toutes deux, l'une qui estoit Doest comme un veritable titre d'Abbaye, l'autre qui estoit Nostre-Dame des Dunes de fait, sans aucun titre, qu'en eust ledit Bultinq au mois d'Avril 1678, l'on demeure d'accord que l'on proceda à l'Election des deux Abbayes comme s'il les eust possedé effectivement, & canoniquement toutes les deux; que Dom Eugene Vandevelde fut élû à toutes les deux, quoy qu'elles ne fussent pas compatibles en une mesme personne, estant deux Abbayes distinctes & separées, l'une la mere qui estoit Nostre-Dame des Dunes, l'autre la fille qui estoit celle de Doest; & quoi que Dom Arnould Terrasse, & quelques autres Religieux qui faisoient la famille reguliere de l'Abbaye des Dunes à Bogard ayant contribué peut estre de leurs suffrages en l'élection de Dom. Eugene Vandevelde, ils n'ont pû préjudicier a la verité du fait qui constituoit ces deux titres d'Abbayes pour des titres distincts & separez, celuy de Nostre-Dame des Dunes, resident à bogard, celuy de Doest resident à Bruges; & quelque facilité & condescendance qu'ils ayent eû pour l'élection de Dom Eugene Vandevelde, ils n'ont pû joindre en sa personne deux titres d'Abbayes totalement separez, & par leur nature, qui establissoit celle des Dunes comme la mere, celle de Doest comme la fille, & par leur situation originaire & continuée en divers lieux; celle de Nostre-Dame des Dunes originairement au Diocese de Teroüanne, au Diocese Ypres nouvellement erigé; l'on ne sçauroit justifier par quelque acte que ce soit, regulier, ou irregulier, canonique ou non canonique la jonction de ces deux tiltres, ny par union ny par tranflation: ces tiltres si opposez aux regles canoniques ne se presument point, il les faut monstrer & justifier, & l'on soûtient qu'il n'y en a jamais eu dans le fait, ny canoniquement faits & executez dans le droit.

Ainsi ces deux tiltres d'Abbayes des Dunes & Doest estans toûjours demeurez distincts & séparez, sans aucune translation ou union executée, ny dans le fait, ny dans le droit, ayant neanmoins vacqué de fait plûtost que de droit en la personne de Dom Michel Bultinq, qui lors les possedoit toutes deux, celle des Dunes sans tiltre canonique, celle de Doest avec tiltre. L'on demeure d'accord que l'on proceda à l'élection des deux Abbayes, que l'on joignit si l'on veut dans la continuation du mesme erreur en la personne de Vandevelde, & par sa mort en celle de Martin Collé, par les suffrages des Religieux de Doest à Bruges, si l'on veut mesme par les suffrages de Dom Arnould Terrasse, & quelques autres Religieux de la Communauté reguliere de l'Abbaye de Nostre-Dame des Dunes à Bogard, mais l'erreur estant découverte, & la separation des deux tiltres reconnuë, l'on a procedé à l'élection de l'Abbaye de Nostre-Dame des Dunes à Bogard, & Dom Arnould Terrasse fut élû & nommé par vostre Majesté, confirmé par l'Abbé de Clervaux Superieur immediat, mis & installé en possession de ladite Abbaye, en laquelle il est demeuré en possession.

D'autre part ces deux Elections ayant esté portées au sieur Abbé de Clervaux, pour les confirmer comme Superieur immediat de l'une & de l'autre, de celle des Dunes par son établissement & sa fondation, celle de Doest estant de la filiation de celle des Dunes, devenuës toutes deux sous l'immediation de l'Abbé de Clervaux, à cause de la vaccance de l'une & de l'autre, il y proceda comme doit faire un Superieur, & ayant examiné les procez verbaux des Elections, & ayant reconnu que c'estoient deux titres distincts & separez, il les a confirmé separément, celle de l'Abbaye de Nostre-Dame des Dunes à Bogard, en la personne de Dom Arnould Terrasse ; & par son Ordonnance & decret d'institution du premier Aoust 1678, & pour celle de Doest à Bruges, en la personne de Dom Eugene Vandevelde, & du depuis en celle de Dom Martin Collé, desquels Decret & Ordonnance lesdits Abbé & Religieux de Doest ont interjetté appel, expliqué leur moyen d'appel cy-dessus, ausquels lesdits Abbé & Religieux des Dunes à Bogard ont suffisamment cy-dessus répondu & fourni de contredit.

Et pour ce qui est des pieces produites, pour prouver & justifier les inductions cy-dessus establies, les quatre premieres, sont des Lettres Missives, que l'on pretend escrites par Dom Arnould Terrasse, élu Abbé, nommé & confirmé à l'Abbaye de Nostre-Dame des Dunes à Bogard, par lesquelles l'on pretend qu'il a d'abord constitué lesdits Dom Eugene Vandevelde, & Martin Collé, pour Abbé & Religieux des Dunes à Bruges, & depuis s'estant joint avec le sieur de Boistel de Chastignouville, Intendant de vostre Majesté dans la Generalité de Dunquerque, qu'il a agi à contre-temps pour se faire élire Abbé des Dunes à Bogard, à quoi il avoit si bien reüssi, qu'il en auroit obtenu le Brevet de nomination, qui est la cinquiéme piece produite par lesdits sieurs Abbé & Religieux de Doest.

Pour contredit ausquelles quatre pieces, & aux inductions tirées d'icelles, lesdits sieurs Abbé & Religieux des Dunes à Bogard supplient Vostre Majesté d'observer, qu'estant Vostre Majesté seule & principale interessée au rétablissement de l'Abbaye des Dunes au lieu de Bogard, & sous vostre domination, quelques consentemens qu'ayent pû prester ledit Dom. Arnould Terrasse, l'Abbé de Clairmarest, dont l'on prétend que lesdites lettres produites sont écrites pour favoriser l'élection desdits Dom. Eugene Vandevelde & Martin Collé, pour l'Abbaie des Dunes prétenduë établie à Bruges, ou autrement, tout cela ne peut nuire au droit de Vostre Majesté & à ceux des Supplians les Religieux à Bogard pour le rétablissement de ladite Abbaye dans vostre Royaume, comme elle y estoit originairement, & y est demeurée depuis l'année onze cent, sous le Diocese de Terouanne, où elle y est demeurée jusques en l'année milcinq cens soixante-six, qu'elle fut brûlée & incendiée par les Heretiques, & enfin inondée par les montagnes de sable jettées par la mer, qui l'ont couverte & abysmée, depuis fixée au lieu & Monastere de Bogard, qui en estoit un membre, en la Chastelenie de Furnes au Diocese d'Ipres ; & l'on ne peut blâmer les tentatives que ledit Dom Terasse & le sieur le Boistel de Châtignoville vostre Intendant en la Generalité de Dunquerque ont fait pour le rétablissement de ladite Abbaye sous vostre domination, qui a esté agreé & approuvée par Vostre Majesté, par son brevet de nomination qu'Elle a donné audit Dom Arnould Terrasse, & lesdites pieces sont plus avantageuses ausdits Abbé & Religieux des Dunes à Bogard, qu'ausdits Abbé & Religieux de Doest, soy disans Abbé & Religieux des Dunes à Bruges.

Il en est de même des pieces cy-aprés produites ; la sixiéme du 27. May 1678. estant une lettre missive prétenduë écrite par le sieur Abbé de Clairvaux, par laquelle on dit & on rapporte les termes de la lettre, sur ce que l'on le pressoit pour ledit sieur Eugene Vandevelde, son expedition, on luy fait dire, que la confirmation du sieur Abbé de Baudeloo son Vicaire & Commissaire estoit suffisante, luy donnant l'exercice de la jurisdiction spirituelle sur la Communauté de Bruges. Ces termes ne tirent à aucune consequence, ils sont conformes à la commission du sieur Abbé de Baudeloo cy-dessus expliquez, qui donnoient pouvoir de confirmer provisoirement les élûs ; mais cette provision demandoit une confirmation diffinitive du sieur Abbé de Clairvaux, comme il est dit dans la commission : & même il n'est dit autre chose par la lettre, sinon que cette jurisdiction spirituelle estoit donnée par le Commissaire & grand Vicaire sur la Communauté de Bruges, l'on ne dit pas sur la Communauté des Dunes à Bruges, mais simplement sur la Communauté de Bruges, qui estoit à dire sur celle de Doest, qui estoit naturellement & originairement residente à Bruges, sans union ny translation de celle des Dunes, qui ne fut effective, bien moins canonique, parce que *non entis, non sunt qualitates* : jusques icy lesdits Abbé & Religieux de Doest à Bruges n'ayant pû, ny ne pouvant justifier d'aucune Bulle du Pape, ny Lettres patentes ou Arrests qui aient fait & authorisé la translation & union de ladite Abbaye des Dunes à Bruges, mais seulement des tentatives qui sont demeurées inutiles & sans effet, même à l'égard des menses & portions d'icelle Abbaye de Doest, qui ont esté separées & demembrées par le Pape Urbain VIII. par sa Bulle du trente-unième Aoust mil six cent vingt cinq.

La septiéme desdites pieces du premier Aoust 1678. estant la Sentence, Ordonnance ou Patente dudit sieur Abbé de Clairvaux, contenant l'institution dudit sieur Abbé des Dunes à Bogard, Dom Arnould Terrasse, dont les Abbez & Religieux de Doest à Bruges ont interjetté appel, & n'employant autres inductions de ladite Sentence, que celle de leurs moyens d'appel cy-dessus expliquez, lesdits sieurs Abbé & Religieux des Dunes à Bogard n'ont autres contredits à donner que les réponses qu'ils ont fait & expliqué aux prétendus moyens d'appel.

Les huit, neuf, dix, onze, douze & treiziéme pieces sont des protestations respectives desdits Abbé & Religieux de Doest à Bruges, & desdits Abbé & Religieux des Dunes à Bogard, de ce qui se faisoit de part & d'autre, qui ne meritent autre contredits que ceux cy-dessus expliquez pour les Abbé & Religieux du Convent & Monastere des Dunes à Bogard, qui est le seul Convent qui doive subsister, n'y en ayant jamais eû d'autre translation ou union effective en la ville de Bruges, bien moins de canonique & faite dans les regles, & de l'autorité des Papes, du consentement des Evéques diocesains, qui estoit celuy d'Ipres, où originairement l'Abbaye des Dunes a esté fondée au Diocese de Teroüanne, dont la partie qui regarde les Dunes a esté donnée à l'Evéché d'Ipres par le démembrement de celuy de Teroüanne, & erection nouvelle de celuy d'Ipres, qui est maintenant sous la domination de Vostre Majesté, aussi-bien que la Chastellenie de Furnes & de Berghe, par les Traittez d'Aix la Chapelle, & le dernier Traitté de Nimegue le 17. Septembre 1678. où sont les principaux biens de l'Abbaye des Dunes, lesdits Abbé & Religieux de Doest ne pouvant raporter aucune translation ou union effective de ladite Abbaye en la ville de Bruges, & à l'Abbaye de Doest, qui y a toûjours esté établie & y est demeurée subsistante & établie sans union d'icelle à celle des Dunes, dont estant la fille, l'union n'en pourroit qu'avoir esté incestueuse, d'un inceste spirituel, qui est autant condamnable que l'inceste corporel & charnel, au chapitre *Inter corporalia de translatione Episcopi.* Aux decretales : *Non enim humanâ, sed divinâ potestate conjugium spirituale dissolvitur.* Il en est de même du mariage spirituel des Prestres avec leurs Eglises, qui ne peut estre dissous que de l'authorité du Pape, & quoy que le Roy Catholique eût decerné ses Lettres du 24. Novembre 1626. qui ont esté cy-dessus produites sous la cotte A. de la presente production, troisiéme piece, elles n'ont jamais esté executées, & la translation n'en a point esté faite, ny de l'authorité Pontificale, ny de l'authorité Royale, sous le concours desquelles Puissances unies ensemble ces changemens ne se peuvent faire, comme il est remarqué sur l'article 54. du recüeil des libertez de l'Eglise Gallicane de M. Pithou, ou Messieurs Dupuis en leur Commentaire sur ce Recüeil, renvoyent à l'article 91. du second Volume des preuves, au chapitre 35. qui est de l'érection de l'Archevéché de Paris.

Ainsi ces remarques & contredits préliminaires sur les pieces produites, serviront de contredits suffisans à la quatorziéme piece, qui est icy produite, qu'en l'article 25. du dernier Traitté de paix conclu à Nimegue entre les deux Couronnes, qui est transcrit tout au long en cet endroit de la Requeste, les Abbez & Religieux de l'Abbaye des Dunes à Bogard ne prétendant pas un meilleur titre pour les confirmer dans leurs droits de l'Abbaye des Dunes transferée & fixée à Bogard, & de ses revenus en quelque part qu'ils soient situez, dont les Abbé & Religieux de Doest à Bruges reconnoissent eux-même que les principaux biens & revenus sont situez sous la Chastellenie de Furnes & de Berghes, qui sont sous la domination de Vostre Majesté ; car ledit article 25. ne porte autre chose, sinon, Que les Prelats, Abbez, ou Prieurs, & autres Ecclesiastiques, qui ont esté pourvûs, & qui estoient en possession de leurs Prelatures avant la rupture entre les deux Couronnes, y seroient maintenus, en quelque lieu que soient situées leurs Prelatures, ou leurs biens & revenus, cela ne se peut entendre que des Prelats qui estoient canoniquement pourvûs avant la rupture, qui fut ou en l'année 1635. ou en la derniere rupture faite pour le recouvrement des droits de la Reine, or ny en l'un ny en l'autre temps l'Abbaye des Dunes n'a point esté établie, transferée ou unie, non pas même canoniquement, mais actuellement, & effectivement & de fait, par aucune translation actuelle, faite d'authorité Pontificale & Royale, de l'authorité des Papes ou des Rois Catholiques ; celle que l'on attribuë faussement aux bulles des Papes Pie IV. & Pie V. & Gregoire XIII. n'en parlent en façon quelconque, elles parlent de l'affectation plûtost que de l'union d'une partie de la manse Abbatiale de l'Abbaye de Doest à l'Evéché de Bruges nouvellement erigée par le Pape Pie V. mais il n'est rien dit dans lesdites bulles de l'Abbaye des Dunes, ny pour l'uuion, ny pour la

translation

tranflation en la ville de Bruges, non pas mefme à l'Abbaye de Doeft, qui eftoit la fille, ce qui ne
fe pouvoit faire dans l'ordre & felon les regles canoniques, & s'il y a eu mefme quelque union ou
application de partie de la Manfe abbatiale de l'Abbaye de Doeft à l'Evefché de Bruges nouvellement erigé, & non point de celle des Dunes ; cette mefme union & application a efté totalement
revoquée par la Bule du Pape Urbain VIII. de demembrement & feparation defdites Manfes abbatiales de Doeft, du 31 Aouft 1635.

A I N S I lors de la rupture premiere, & feconde, de la Paix entre les deux Couronnes, ou en
1635, ou du depuis, l'Abbaye des Dunes eftoit actuellement du Royaume de France, fondée originairement dans le Diocefe de Teroüane, qui eftoit du reffort du Parlement de Paris, où elle a
demeuré depuis fa fondation dés l'année onze cent, jufques à l'année 1566, qu'elle fut brûlée par les
heretiques, & fubmergée par les fables de la mer: depuis ce temps les Abbé & Religieux ont demeuré
errants en divers lieux, à Hulft, à Nieuport, en l'Abbaye de Loz, à Bruges, comme domiciles empruntez, & enfin en la cenfe monaftere & Convent de Bogard, où elle eft enfin demeurée fixée
en la Chaftellenie de Furnes au Diocefe d'Ipres, qui a efté demembré de celuy de Teroüane, &
qui eft aujourd'huy foûmis à V. M A J E S T E' avec ladite Abbaye, par la capitulation particuliere
de la ville de Furnes en 1658, par vos Armées victorieufes commandées par ce grand General &
Capitaine Monfieur de Turenne, où l'Abbaye des Dunes eft nommément comprife dans l'un des
articles de la capitulation, & par les derniers Traitez & d'Aix la Chapelle, & de Nimegue qui eft
le dernier traité, & dont lefdits Abbé & Religieux des Dunes à Bogard, veulent bien auffi fe fer-
vir pour leur defenfe, qui fe trouve heureufement commune avec celle de V. M A J E S T E', &
en veulent bien employer les termes en l'article 25 ; comme les Abbez & Religieux de Doeft à
Bruges les ont fait tranfcrire & imprimer dans leur Requefte, & en demandent l'execution à
meilleur titre & avec plus de raifon, & de fondement, que ne peuvent faire lefdits Abbé & Religieux de Doeft à Bruges, avec la mefme remarque qu'ils y ont fait, qu'ils font le nœud feur & in-
violable de la Paix, qui affûre également aujourd'huy la fortune des fujets de V. M A J E S T E' &
de ceux du Roy Catholique.

C A R pour fuivre les termes employez en ladite Requefte, pour peu de reflexion qu'y faffe
V. M A J E S T E', elle vera que le droit pretendu en ladite Abbaye des Dunes par Dom Eugene
Vandevelde, & du depuis par Dom Martin Collé, qui luy a fuccedé, & a efté éleu en fa place,
n'a jamais eu aucun fondement, & que ce ne peut eftre qu'une pure ufurpation ; car en reprenant la
fuite & la fucceffion des Abbez de N. Dame des Dunes depuis l'année 1566, qu'elle fut en mefme
temps brûée par les Heretiques, & fubmergée par le fable, ayant perdu fon ancien domicile & fa
premiere refidence au lieu des Dunes, erré en divers endroits dans la fuite du fiecle 1500, à Hulft,
à Nieuport, en l'Abbaye de Loz, & en la ville de Bruges, par tout comme des pelerins, & dans
des domiciles empruntez. Laurent de Berghe coadjuteur de Robert Holman, fixa enfin fon domicile en la cenfe & Monaftere de Bogard, membre dependant de l'Abbaye des Dunes, dans le
Compendium Chronologicum de l'Abbaye de Nôtre-Dame des Dunes, imprimé par un Religieux de
Bruges, *Laurentius Vandeberghe conventum fuum traduxit in villam dictam de Pomario feu Bogarde,
cum intentione domicilium illùc conferendi*, il en fut fait de mefme par André du Chefne fon refigna-
taire, par Adrien Cancelier originaire de Dunkerque, dénommé par Bernard Campmans qui fut
éleu en 1623 & eftoit refidant au Convent & Monaftere de Bogard, où il fit transferer de l'authorité de l'Evefque d'Ipres Antoine de Hennin, qui le fit en perfonne, le corps du Bienheureux Idef-
balde troifiéme Abbé, decedé en l'année onze cent, & inhumé en l'ancienne Abbaye des Dunes,
refté en ce lieu pendant cinq fiécles, & jufques en l'année 1633, ayant efté trouvé en ce temps
par l'Abbé Bernard Campmans fous les ruines de ladite Abbaye, fut tranfporté par l'Abbé
Campmans de l'authorité de l'Evefque d'Ipres, au Convent de Bogard, *Beati Idefbaldi corpus
honorificentiffimè locavit*. Et c'eft luy-mefme qui par un larcin & tranfport criminel qu'il fit de ce
corps faint en la ville de Bruges, tenta contre toute forte de droit d'y faire la tranflation de ladite
Abbaye, ce qui ne peut jamais eftre executé, & ne l'a pû eftre.

E T c'eft encore plus inutilement que lefdits Abbé & Religieux de Doeft reprenant la fuite
des mefmes Abbés, fixent leur refidence en la ville de Bruges, & les declarent tous nommés par les
Rois Catholiques, cela a bien peu fe faire jufques aux traités de Paix d'entre les Couronnes, parceque les Rois Catholiques eftoient Maiftres & Seigneurs dominants de tous les territoires de la
Flandre, & également Seigneurs jufques aux conqueftes de V. M A J E S T E', & en l'année 1658. que
la ville & chaftellenie de Furnes fût reduite fous vôtre obeïffance, & en depuis demeurée à V.
M A J E S T E' par les traités de Paix d'Aix la Chapelle, & par le dernier traité de Nimegue, & ainfi l'on
ne peut tirer aucune confequence jufte & raifonnable, de ce que les Rois Catholiques ont nommé
Bernard Campmans Abbé des Dunes, & plufieurs autres avant luy, Joffe du Corron, Bernard Bottin, Gerard de Barre, Michel Bultrink, car ils avoient droit de les nommer en ce temps de tel
nom qu'il vouloient comme Chaftellains de Furnes, en laquelle Chaftellenie eftoit fituée ; le lieu

& Monaftere de Bogard, non pas comme Seigneurs & Comtes de Bruges, & c'eft ce qui confirme & qui eftably inconteftablement le droit de V. MAJESTE', ayant fuccedé aux droits du Roy Catholique, par les derniers traités de Paix d'Aix la Chappelle, & Nimegue, qui contienent la ceffion formelle & expreffe, que le Roy moderne Charle-fecond a fait à V. MAJESTE', qui a efté le fondement de l'indult perpetuel que le Pape Clement I X. a accordé à V. MAJESTE', pour tous les pays de Flandres, cedés à V. MAJESTE' par le traité de Paix d'Aix la Chappelle qui a efté imprimé & dedié à V. MAJESTE' en l'année 1673. puifque lefdits Abbé & Religieux de Doeft refidens en la ville de Bruges, ne peuvent difconvenir que le titre de ladite Abbaye des Dunes, & les biens en dependants fitué en la Chaftellenie de Furnes, & de Bogard, font également fituées fous la domination deV. MAJESTE'.

Sousla Cotte *H*. fon quatre pieces, produits pour monftrer que Dom Euge Vandevelde eftant decedé le 11. Decembre 1680. l'on proceda à l'élection de l'Abbaye des Dunes en la ville de Bruges, & que Dom Martin Collé y fuft éleu & nommé par le Roy Catholique, confirmé par l'Abbé de Baudeloo, beny par l'Evêque de Bruges, mis & inftallé en poffeffion, comme il eft juftifié par lefdites quatre pieces dont.

LA premiere du quinze Decembre 1680. eft la patente du Roy Catholique, par laquelle Dom Martin Collé eft nommé à ladite Abbaye.

LA feconde du 19. Decembre 1680. eft la patente du fieur Abbé de Baudeloo commiffaire de l'Abbé de Clervaux dans les pays bas par laquelle il le confirme *per interim*, & pour un temps en ladite Abbaye.

LA troifiéme du 22. Decembre 1680. l'acte de benediction, accordée audit Dom Martin Collé, en qualité d'Abbé des Dunes, par l'Evêque de Bruges, lefdites quatre pieces produites pour monftrer & juftifier de l'élection dudit Martin Collé, de fa nomination, de fa confirmation, de fon inftallation, & de fa benediction en qualité d'Abbé des Dunes.

POUR contredit aufdites pieces, V. MAJESTE' eft fupplié de remarquer, premierement qu'il n'y avoit pas de lieu de proceder à l'élection de ladite Abbaye des Dunes par la mort dudit Eugene Vandevelde, parce qu'il n'y avoit aucun droit, Dom Arnould Terraffe la rempliffant par fon élection, nomination & confirmation faite de fa perfonne, après le deceds de Dom Michel Bultink, en fecond lieu, que le Roy Catholique n'avoit point droit d'y nommer, le titre de ladite Abbaye n'ayant jamais refidé à Bruges, ny fous la domination du Roy Catholique, mais à Bogard, fous la Caftellenie de Furnes, au Diocefe d'Ipres, fous la domination de V. MAJESTE', en troifiéme lieu, que le fieur Abbé de Baudeloo n'avoit pas droit de confirmer que provifoirement, & pour un temps, la charge d'en demander la confirmation à l'Abbé de Clervaux, comme le portent fes Lettres de Grand-Vicariat, en quatriéme lieu que ledit Dom Martin Collé n'eftant point corfirmé deffinitivement, n'avoit point dû eftre beny par l'Evêque de Bruges, la benediction ne pouvant tomber que fur un fubjet bien & deuëment & deffinitivement confirmé.

Sous la Cotte *I*. fon neuf pieces, comme porte la Requefte de production pour juftifier de l'élection faite, nomination & confirmation & enfin inftallation & mife en poffeffion de Dom Martin Collé, en l'Abbaye des Dunes, en la place de Dom Eugene Vandevelde.

LA premiere du 16 Mars 1681. eft l'acte de confirmation donnée par le fieur Abbé de Clervaux, audit Dom Martin Collé, pour l'Abbaye de Doeft, dont lefdits Abbé & Religieux de Doeft marquent & raportent les nullités, en ce qu'ils difent que ladite confirmation eft contre la teneur de l'acte de l'élection, & confirmation, l'élection dudit Dom Martin Collé ayant efté faite en l'Abbaye des Dunes, & non en celle de Doeft en la ville de Bruges, & autres moyens de nullité, & d'appel de ladite ordonnance dudit fieur Abbé de Clervaux, qu'ils difent avoir expliqué cy-deffus jufqu'au nombre de dix, & aufquelles les Abbé & Religieux des Dunes à Bogard ont fuffifamment répondu, & emploient leurs réponfes pour contredit en cet endroit.

LA feconde du 20 Mars 1681. eft un Acte fignifié de la part dudit Dom Martin Collé au fieur Abbé de Clervaux, par lequel il luy declare qu'il ne peut accepter fa confirmation, comme contraire à fon élection, à fa nommination & confirmation, dont il a dû neanmoins fe contenter, comme conforme à ce qu'il pouvoit demander, nayant vacqué autre chofe par la mort dudit Eugene Vandevelde, ny peut vacquer que ladite Abbaye de Doeft en la ville de Bruges, ny en ayant autre eftablie en ladite ville, celle des Dunes n'ayant jamais efté ailleurs qu'à Bogard.

LA troifiéme du 19. Septembre 1681. eft l'Arreft rendu au Confeil d'Eftat de V. MAJESTE', fur les differents d'entre les fieurs Abbé de Cifteaux, & les Peres de l'Ordre, qui n'a nul raport ou application à la conteftation dont il s'agit, & partant n'auroit point dû eftre produit ny induit en cet endroit.

LA quatriéme du 16 Septembre 1681. eft la Requefte prefentée par les fieurs Abbé & Religieux de Doeft au fieur Abbé de Cifteaux, pour eftre receu appellant de l'ordonnance du fieur Abbé de Clervaux, d'inftitution dudit Dom Martin Collé en l'Abbaye de Doeft, qui n'eft qu'une procedure

& inſtruction & qui ne merite contredit.

La cinquiéme du 22. Decembre 1682. eſt un Acte de comparution pardevant le ſieur Abbé de Ciſteaux, fait par le Procureur de l'Abbé des Dunes, ce qui n'eſt que la continuation de la procedure, & ne merite contredit non plus que la piece ſuivante, qui eſt.

La ſixiéme du 31 Decembre 1682. qui eſt l'Acte de ſignification de produit pardevant ledit ſieur Abbé General, qui ne merite encore contredit.

La ſeptiéme du 2. Janvier 1683. eſt un Acte ſignifié de la part dudit Dom Arnould Terraſſe, audit Collé, qu'il s'oppoſe à la qualité que prend ledit Collé d'Abbé des Dunes, comme en effet il a droit de s'y oppoſer, l'Abbé des Dunes n'eſtant point & ne pouvant eſtre à la nomination d'autre que de V. Majeste', & n'ayant jamais reſidé ny pû reſider dans la ville de Bruges, mais bien celle de Doeſt, à laquelle ſeule ledit Dom Collé a pû eſtre éleu, & nommé, & qui n'a point eſté envié par leſdits Abbé & Religieux de l'Abbaye des Dunes à Bogard, mais au contraire ont droit de le renvoyer à Bruges en l'Abbaye de Doeſt, qui y a toûjours reſidé & de luy dire *illâ ſe jactet in aulâ Æolus.*

La huitiéme, que l'on dit eſtre ſans datte, eſt une Requeſte preſenté à V. Majeste', ainſi qu'il eſt dit en cet endroit de la Requeſte, par pluſieurs Abbez de differents Ordres du Comté de Flandre, qui ſupplient V. Majeste' de terminer ce different, qu'ils diſent n'eſtre qu'une pure vexation de la part de Dom Arnould Terraſſe, lequel s'en rapporte volontiers à V. Majeste', pour juger de quelle part vient la vexation, & du peu de zele & affection que leſd Abbez ont pour ſes Droits.

La neufiéme du premier Fevrier 1683, eſt l'Arreſt d'évocation qu'a rendu V. Majeste' en ſon Conſeil, par lequel elle a évoqué le different des parties à ſa propre perſonne, ce que leſdits Abbé & Religieux des Dunes à Bogard, tiennent à grand honneur d'eſtre jugé de leurs differents par le plus grand Roy du monde.

Sous la Cotte *K.* ſont deux pieces, pour montrer par ladite Requeſte de production, que l'Abbaye de Doeſt à Bruges n'eſtant plus exiſtante, & le titre Abbatial en ayant eſté ſupprimé, & uni à l'Eveſché de Bruges nouvellement erigé, pour ſa dot, lors de ſon erection, par le Pape Pie V. par ſes Bulles qu'elle n'a pû ſervir de pretexte à l'inſtitution des ſieurs Eugene Vandevelde, & de Dom Martin Collé, pour Abbez de ladite Abbaye.

La premiere du 6 Mars 1566, que l'on dit eſtre la Bulle de ce meſme Pape, d'union de ladite Abbaye de Doeſt à l'Eveſché de Bruges, pour augmentation de dot, avec ſuppreſſion du titre, les Abbé & Religieux des Dunes à Bogard, ne veulent pas employer d'autre titre, pour marquer la ſuppoſition de cette pretenduë ſuppreſſion que ladite Bulle du Pape Pie V. dedit jour ſixiéme Mars mil cinq cens ſoixante ſix, qu'ils ont produit de leur part, pour juſtifier tout le contraire de ce que leſdits Abbé & Religieux de Doeſt pretendent en induire ; car en effet elle ne porte aucune ſuppreſſion du titre de ladite Abbaye, ny d'union de la Manſe d'icelle à l'Eveſché de Bruges, & au contraire porte que l'eſtat de ladite Abbaye *n'en demeurera en aucune façon diminuée, tant au nombre des Religieux, que du ſervice qui a accoûtumé d'y eſtre fait & celebré.* il y a bien eu par ladite Bulle quelque portion de la Manſe Abbatiale appliquée audit Eveſché, mais le titre n'en eſt pas moins dénoncé ſubſiſtant par ladite Bulle, & quand il y en auroit eu quelque diminution de partie de ladite Manſe Abbatiale, le titre de l'Abbaye demeurant toûjours ſubſiſtant, il auroit enfin eſté rétabli dans ſon entier, par la Bulle du Pape Urbain VIII. moyennant certaine penſion que devoit payer l'Abbé de Doeſt aux Eveſques de Bruges, & ainſi il n'y euſt jamais de ſuppreſſion du titre de ladite Abbaye, & elle eſt toûjours demeurée ſubſiſtante dans ſa dot & dans ſon titre, qui a eſté toûjours ſuffiſant, comme elle eſt encore pour la ſubſiſtance des Abbé & Religieux qui la compoſent, & ainſi ledit ſieur Abbé de Clervaux a eu droit & raiſon d'en donner l'inſtitution canonique, & ſa confirmation auſdits ſieurs Eugene Vandevelde, & audit Dom Martin Collé.

Et quand il ſeroit vray que la Manſe Abbatiale dudit Doeſt euſt eſté ſupprimée & unie à l'Eveſché de Bruges par la Bulle de Pie V. neanmoins cette ſuppreſſion n'auroit duré que juſque en l'an 1625. quand l'Abbé des Dunes comme Pere immediat de Doeſt ſollicita & preſſa l'Evêque de Bruges d'entretenir à Doeſt un nombre ſuffiſant de Religieux ſelon les conditions paſſées dans l'Acte d'union, pour celebrer le Divin Service, ſatisfaire aux aumônes & aux charges, où à faute de le faire, qu'il remit ledit Monaſtere en ſon premier état moyennant une penſion annuelle. *Alioquin ſecundo dicti Monaſterij in ſuum priſtinum ſtatum reſtitutioni mediante aliquâ penſione annuâ conſentiret.* Cela fût executé entre l'Abbé des Dunes & l'Evêque de Bruges, comme ledit Abbé le ſouhaitoit, l'Evêque conſentit à la deſunion de la Manſe abbatiale de Doeſt, moyennant une penſion qui luy fût aſſignée ſur les biens & revenus de ladite Abbaye, *Prædictus Dyoniſius Epiſcopus eidem Bernardo Abbati ſecundo dictum Monaſterium cum omnibus ſuis bonis præ eminentijs juribus quibuſcumque.* De ſorte que par ce traité qui fût approuvé par Urbain VIII. le Monaſtere de Doeſt devoit retourner en ſon premier état avec liberté d'élire & choiſir un Abbé. l'Evêque de Bruges ayant renoncé à l'union & à tout ce qui en avoit reſulté & en devoit reſulter, parceque on l'auroit pû inquieter & pourſuivre en juſtice à cauſe des ruines de Doeſt, & l'obliger à le rétablir comme il eſtoit obligé de l'entretenir par la Bulle. Il ne quitta ses droits que sous condition que l'Abbé des Dunes le déchargeroit desdites conditions en retablissant le Monastere de Doest : *sub oneribus tamen secundo-di-Éto Monasterio incumbentibus tam alendi Religiosos, reædificandi vel restaurandi Monasterium Dousanum vel aliud ejus loco in civitate Brugensi extruendi &c.*

Il est donc veritable que par ce traité, la Manse abbatiale de Doest fût retablie & commença a revivre, si elle avoit esté supprimée, & que l'Abbé des Dunes contracta une obligation indispensable de reparer les ruines du Monastere de Doest, ou d'en bâtir un autre dans la ville de Bruges. Cela s'est fait dans le refuge mesme de Doest, il a bâti le Monastere de Doest comme il s'estoit engagé, mais il n'a dû ny pû transferer dans la ville de Bruges le Monastere des Dunes, ny occuper la charge d'Abbé de Doest qui estoit incompatible avec celle des Dunes : Il n'y a rien donc de si vray, qu'il y a deux titres d'Abbayes, celuy de Doest & celuy des Dunes & que le Pape Pie ayant supprimé celuy de Doest pour l'unir à l'Evêché de Bruges, le Pape Urbain VIII. l'a pû demembrer dudit Evêché & le retablir en son premier état. Le mesme a esté fait par Innocent X. en 1648. à légard de l'Abbaye de saint Bernard de l'Ordre de Cisteaux située sur l'Escaut proche d'Anvers, laquelle par un accord semblable à celuy de Doest, fait entre l'Evêque d'Anvers Gaspar Nemius, a esté detaché de l'Evêché dudit Anvers (auquel elle avoit esté annexée par Pie V. aussi bien que celle de Doest à l'Evêché de Bruges) & restituée audit Ordre de Cisteaux & à son entier, dont celuy qui estoit pour lors Prieur, nomme Dom Joos Gillis fût beny Abbé au temps du Serenissime Archiduc Leopold, de la mesme maison à qui plusieurs autres ont succedé en qualitez d'Abbé mittré jusqu'à celuy qui regne aujourd'huy.

La seconde piecce dattée du 11. Fevrier 1683. que l'on dit estre un certificat des Bourgmestres & Echevins de la ville de Bruges, qu'il ny a jamais eu d'Abbaye de Doest en la ville de Bruges, est encore plus faux & supposé, si lesdits Bourgemestres & Echevins ne pretendent se sauver de leur supposition, par un mauvais équivoque & changement de nom, sur ce que ladite Abbaye de Doest a deux noms, le premier est plus ancien, & sous ce quelle a esté fondée, Cappellatosan, sous ce quelle fût fondée en l'année 1175. comme fille immediatement soumise à l'Abbaye des Dunes, dont il est parlé & fait mention dans les Livres *de Galliâ Christianâ*, & de Claude Robert, & des sieurs de sainte Marthe, dans la suite & nomenclature des Abbayes de France, sous le nom de Cappellatosan, & dans la clef du poüilier des Abbayes de l'Ordre de Cisteaux, imprimé par l'Ordre des Superieurs avec grand soin, sous le nom de Cappellatosan, où elle est dite du Diocese de Tournay, *Tornacensis*, ce qu'il faut entendre avant l'érection de l'Evêché de Bruges, demembré de celuy de Tournay, *Ordinis Cisterciensis, filia Dunarum, instituta 1175. Calendis Ianvarÿ*, & dans le Livre intitulé *Chronicum Cisterciense Auberti Miræi Bruxellensis* imprimé à Cologne en l'année 1654. sur la fin où est rapporté le Catalogue des Religieux de Cisteaux *apud Belgas &Germanos inferiores*, en la page 300. *in Flandriæ Commitatu*, est rapportée pour quatriéme Abbaye, *Tohsana Abbatia, Diœcesis Brugensis* Doest, & dans la Bulle du Pape Pie cy-dessus produite, elle est appellée Doest & ainsi peut-estre concilié le mauvais équivoque des Bourgmestres & Echevins de la ville de Bruges, quand ils disent dans leur certificat, qu'il n'y a jamais eu d'Abbaye de Doest en la ville de Bruges, outre qu'un certificat de cette qualité, donné ou plustost prodigué volontairement par lesdits Bourgmestres & Echevins, pour leur propre interests, & l'avantage de leur ville, pour y retenir l'Abbaye des Dunes, qui est une des plus recommandables de la Flandre, ne doit pas avoir grande Foy & grand creance, la fausseté & la supposition en estant toute évidente.

Sous la Cotte *L.* est l'employ de la production de Dom Arnould Terrasse, en laquelle lesdits Abbé & Religieux de Doest ne trouveront rien qui leurs est avantageux.

Sous la Cotte *M.* est la Requeste de production desdits Abbé & Religieux de Doest, ou ils expliquent leurs conclusions, tant sur l'appel des Sentences & ordonnances du sieur Abbé de Clervaux, d'institution & confirmation desdites Abbayes des Dunes & Doest, en la personne de Dom Arnould Terrasse, & desdits Vandevelde, & Martin Collé, & sur les complaintes respectives pour le possessoire desdites Abbayes, auxquelles a esté suffisamment satisfait par tout ce qui est expliqué cy-dessus.

Et pour montrer & justifier du contenu cy-dessus, & qu'il n'y eût jamais de translation effective de l'Abbaye de Nôtre-Dame des Dunes en la ville de Bruges, & qu'autant de fois que quelques Abbé particuliers de ladite Abbaye, ont voulu tenter d'en faire la translation en la ville de Bruges, ou ailleurs hors de leur Chastellenie tout autant de fois les Bourgmestres & Echevins de la ville de Furnes s'y sont opposées, & ont fourny leurs moyens d'empeschements, fondés sur ce que ladite Abbaye estant originairement fondée dans le Diocese de Teroüanne, l'an 1107. elle est demeurée establie jusqu'à l'année 1566. qu'ayant esté brûlée par les Heretiques, & couuert de sable, ils se transporterent en divers lieux, à Hulst, Nieuport, en leur refuge, à Bruges ; qu'ils ont vendu en 1599. aux Religieuses de Spermailles, & enfin s'estant fixée & arrestée au lieu dit Bogard, membre dependant de ladite Abbaye, où ils sont demeurée fixement establis, jusques en l'année 1618.

quand

quand Bernard Campmans tenta derechef d'en faire la tranſlation en la ville de Bruges, que lors les Bourgmeſtres & Echevins de la ville de Furnes s'y oppoſerent, pour les conſerver dans leur Chaſtellenie, ou ils auroient pris naiſſance, & y auroient toûjours continuë leur reſidence au Convent dit Bogard, où ils avoient tous leurs biens, & Chaſtellenie de Berghe, avec charges & aumônes locales, a diſtribuer aux Pauvres du païs, outre la conſolation ſpirituelle qu'ils avoient d'une Communauté Religieuſe dans leur voiſinage, où il y avoit un ſervice reglé ou les habitans du voiſinage pouvoient eſtre aſſiſtez, & ſur ces conſiderations les Bourgmeſtres & Echevins des ville & Chaſtellenie de Furnes, auroient fourny leurs moyens d'oppoſition à ladite tranſlation, par tout ou leſdits Abbé & Religieux en auroient fait leur tentative, au Conſeil du Roy Catholique, & par tout ailleurs, dont la procedure conſiſte en ſix pieces qui ſont attachées enſemble.

La premiere du 13. & du 21. Janvier 1623. eſt un Acte de meſurage & arpentage des terres & heritages que les Bourgmeſtres & Echevins de la ville & Chaſtellenie de Furnes auroient fait faire, & offert aux Abbé & Religieux des Dunes à Bogard; pour les arrêter dans leur reſidence, qu'il avoient pris audit lieu, ladite piece tirée & extraite des Archives de la ville de Furnes, ſigné des Notaires de ladite Chaſtellenie, atteſtée & legaliſée par les Bourgmeſtres & Echevins & Magiſtrats & ſcellé du ſceau des armes de ladite ville & Chaſtellenie de Furnes.

La ſeconde du 5. Aouſt 1626. eſt un autre Acte & procedure faite à l'inſtance pourſuivie pour raiſon de la tranſlation de l'Abbaye des Dunes à Bruges, au Conſeil d'Eſtat de Bruxelle, ledit Acte extrait des Archives de la ville & Chaſtellenie de Furnes, ſigné des Notaires, ateſté & legaliſé par les Magiſtrats, & ſcellé du ſceau des armes de la ville & Chaſtellenie de Furnes.

La troiſiéme non dattée dans le corps de l'Acte, mais bien dans l'Extrait des Archives de la Chaſtellenie de Furnes, du premier Mars 1683. ſigné de leur Secretaire, & ſcellé du ſceau des armes de la ville & Chaſtelenie, ſont les remontrances que les Baillis Vicomte Echevins & Cheurheers du territoire de Berghes, joints avec ceux de Furnes, fourniſſent en l'inſtance pourſuivie à Bruxelle au Conſeil d'Eſtat, pour la tranſlation de ladite Abbaye en la ville de Bruges, par leſquelles ils font voir l'intereſt qu'ils ont d'empeſcher ladite tranſlation.

La quatriéme du 23. Decembre 1624. & 27. Fevrier 1625. intitulé de l'Acte, & des 7. & 8. Mars 1683. dans les Extraits & collations de l'Acte, approbation & legaliſation d'iceluy par leſdits Magiſtrats Bourgmeſtres & Echevins, & ſcellé du ſceau de la ville & Chaſtellenie de Furnes, ſont les moyens & raiſons d'empeſchements que les Bourgmeſtres & Echevins ont fourni en l'inſtance de la tranſlation de ladite Abbaye, pourſuivie au Conſeil d'Eſtat à Bruxelle, ou ils marquent toutes les tentatives qui ont eſté faites de temps en temps par quelques Abbé de l'Abbaye des Dunes, dont ils ont eſté obligez de deſiſter.

La cinquiéme non dattée dans le corps de l'Acte, mais bien du 7. & 8. Mars 1683. dans les extraits des Archives de la Chaſtellenie de Furnes & dans les approbations & legaliſations des Magiſtrats Bourgmeſtres & Echevins de la ville de Furnes, ſcellé du ſceau des armes de la Chaſtellenie ſont des dupliques fournies par leſd. Bourgmeſtres & Echevins en l'inſtance de ladite Abbaye en la ville de Bruges pourſuivie par les Abbé & Religieux de Doeſt en la ville de Bruges, dans leſquelles ſont expliquez les moyens d'oppoſitions & empeſchements de ladite tranſlation, par leſdits Bourgmeſtres & Echevins, comme dans les Actes precedentes, en conſideration deſquels ladite tranſlation a encore eſté ſurſiſe & eſt demeurée ſans execution.

La Sixieme & derniere ſans datte dans le corps de la piece, & du ſept & huit Mars 1683, dans l'extrait des archives, eſt copie d'une Requeſte preſentée au Roy Catholique, par les Bourgmeſtre & Eſchevins de la ville & Chaſtellenie de Furnes, contenant les remontrances faites au Roy Catholique, ſur ce qu'ils avoient apris que les Abbé & Religieux des Dunes meditoient de faire la tranſlation de leur Abbaye & monaſtere: Premierement en la ville de Bruges, & plus recemment en l'Egliſe collegiale de ſainte Walburge, & le tranſport des Chanoines de ladite Egliſe en l'Egliſe Cathedrale d'Ipres, auſquelles tranſlations leſdits Bourgmeſtres & Eſchevins s'oppoſent formellement, leſdites pieces cy cottées par A.

Et ſervent leſdites ſix pieces pour montrer & juſtifier de ce que deſſus, que leſdits Bourgmeſtres & Echevins de la ville & Chaſtellenie de Furnes ſe ſont toûjours oppoſez à la tranſlation de ladite Abbaye, & l'ont toûjours empeſché, par les raiſons & moyens puiſſans expliquez dans leſdites pieces.

Item, pour montrer & juſtifier pardevers V. Majeste' que l'Abbaye de Nôtre-Dame des Dunes à Bogard a toûjours eſté reputée de vos Eſtats & Royaume, & ſous vôtre domination, par les conqueſtes qui ont eſté faites par vos Armées victorieuſes de la ville & Chaſtellenie de Furnes, dans l'étenduë deſquelles a toûjours eſté compriſe l'Abbaye des Dunes; produiſent leſdits Abbé & Religieux des Dunes à Bogard deux pieces attachées enſemble.

La Premiere du ſix Aouſt 1658 ſont les extraits des articles de la capitulation accordée à la ville & aux habitans de la Chaſtellenie de Furnes, par le ſieur Vicomte de Turenne, commandant les Armées de V. MAJESTE' en Flandres, en l'article concernant les Eccleſiaſtiques, où il eſt dit à la fin, y compriſe l'Abbaye des Dunes, l'extrait ſigné des Notaires, certifié & legaliſé par les Magiſtrats, & ſcellé du ſceau des armes de ladite Chaſtellenie.

LA SECONDE du ſix Aouſt 1658 & douze Juin 1667, eſt l'extrait de la capitulation accordée à la ville & Chaſtellenie de Furnes, par le ſieur Maréchal d'Aumont, en l'article concernant les Eccleſiaſtiques, où eſt dit la meſme choſe que dans le precedent, y compriſe l'Abbaye des Dunes, ledit extrait ſigné des Notaires, approuvé & legaliſé par les Magiſtrats & Bourgmeſtres & Eſchevins, & ſcellé du ſceau des armes de ladite ville & Chaſtellenie : leſdites deux pieces cottées par B.

ITEM, pour montrer & juſtifier pardevers V. MAJESTE' de l'eſtat de ladite Abbaye de Noſtre-Dame des Dunes à Bogard lez Furnes, & comme elle eſtoit en l'année 1624, & 1625, une veritable Abbaye, où eſtoit un Convent & Monaſtere, compoſé d'Abbé & de Religieux, où ſe faiſoit & celebroit le ſervice divin, & que le corps ſaint du Bienheureux Ideſbalde troiſiéme Abbé de ladite Abbaye des Dunes, mort dés l'année onze cent, y repoſoit & eſtoit honoré & invoqué par les fideles audit lieu, qu'il n'y avoit aucun lieu de craindre les innondations de la mer, attendu la diſtance de la mer, & d'un bois qui eſtoit entre ladite Abbaye & les Dunes de la mer, & qu'il y euſt lieu d'en faire la tranſlation en d'autres lieux : produiſent leſdits Abbé & Religieux des Dunes à Bogard deux pieces attachées enſemble.

LA PREMIERE du 4 Mars 1683, eſt la declaration & la depoſition receuë par deux des Bourgmeſtres & Eſchevins de la ville de Furnes, du ſieur de Laſtre âgé de 77 ans, & le plus ancien des Eſchevins de la ville, qui dit & depoſe qu'és années 1624 & 1625 il a viſité l'Abbaye des Dunes de Bogard, pour y faire ſes prieres, devant le corps du Bien heureux Ideſbalde troiſiéme Abbé des Dunes qui y repoſoit, ou il a veu une Communauté reguliere bien eſtablie, compoſée d'Abbé & de Religieux, ou ſe faiſoit le ſervice ordinaire & regulier, & qui luy fût donné des Reliques du Corps du bienheureux Ideſbalde, & qu'il ny avoit lors aucun peril ou crainte d'innondation, pour la diſtance & la ſituation des lieux, & de la mer, & d'un bois entre les Dunes & la mer & l'Abbaye, ladite depoſition ſignée des Notaires, approuvée & legaliſée des Magiſtrats Bourgmeſtres & Echevins, ſcellé du ſceau des Armes de ladite Chaſtellenie de Furnes.

LA ſeconde du quinze Mars 1683. eſt une autre declaration & depoſition de Jean Labanſt âgé de 74. qui ateſte & declare qu'en l'année 1624. & 1625. il a eſté avec ſa Sœur à ladite Abbaye, pour faire ſes prieres devant le corps du bien-heureux Ideſbalde, où ſa Sœur alloit faire une neuvaine, pour la maladie des écroüelles, dont elle receut gueriſon où elle vît l'établiſſement d'une Communauté bien reglée d'Abbé & Religieux, ou le ſervice regulier ſe faiſoit & celebroit, comme dans toutes les autres Abbayes, & qu'il n'y avoit aucun peril & crainte d'innondation de la mer, attendu la diſtance & l'éloignement des lieux, & la ſituation d'un bois entre les Dunes & la mer & l'Abbaye, ladite depoſition & declaration receuë des Notaires, atteſtée & legaliſée des Bourgmeſtres & Echevins, & ſcellé du ſceau des armes de la Chaſtellenie de la ville de Furnes, leſdites deux pieces cy cotté par C.

ITEM & pour montrer & juſtifier pardevers V. MAJESTE', que leſdits Abbé & Religieux des Dunes à Bogard, ont toûjours eſté conſiderez comme les autres Abbayes & Monaſteres de Flandre, eſtant dans la domination de V. MAJESTE', & que les ordres qui ont eſté envoyées de la part de V. MAJESTE' pour ſignifier auſdits Abbé, leurs ont eſté notifiées & envoyés, comme à tous les autres Abbez, produiſent leſdits Abbé & Religieux des Dunes à Bogard deux pieces atachées enſemble.

LA premiere du 19. Aouſt 1681. eſt un Arreſt imprimé du Conſeil Souverain de Tournay, qui enjoint à tous les Abbez du reſſort du Royaume de France, d'envoier un eſtat de leurs debtes & revenus de leurs Abbayes, & qui leur fait deffenſes de continuer aucuns nouveaux bâtiments, ſigné par collation Sourdeau & N. Sourdeau.

LA ſeconde du 18 Aouſt 1681. eſt un billet imprimé, ſigné du Procureur General du Conſeil Souverain de Tournay, I. de la Hamaide, adreſſé au Prelat des Dunes, datté de Tournay du 18. Aouſt 1681. par lequel ledit ſieur Procureur General luy mande qu'il luy envoye ledit Arreſt pour y ſatisfaire & l'executer, leſdites deux pieces cy cottées par D.

ITEM, pour montrer & juſtifier pardevers V. MAJESTE', que ledit ſieur Abbé de Baudeloo Commiſſaire du ſieur Abbé de Clervaux dans le païs de Flandres, ſur toutes les Abbayes & Monaſteres de ſa filiation, a outre-paſſé ſon pouvoir, quand il a donné la confirmation auſdits ſieurs Eugene Vandevelde, & Martin Collé deffinitivement, n'aiant le pouvoir par les Lettres de ſa commiſſion qui luy avoient eſté données par ledit Abbé de Clervaux, que de confirmer les élections proviſionnelement, pour un temps, à la charge de ſe preſenter par les éleus pardevers ledit ſieur Abbé de Clervaux, pour obtenir la confirmation deffinitive, produiſent pour cet effet leſdits Abbé &

Religieux des Dunes à Bogard une seule piece.

LES Lettres de Vicaire du 25 Juin 1677 accordées par le sieur Abbé de Clervaux au sieur Abbé de Baudeloo, contenant les pouvoirs à luy donnez & accordez par ledit sieur Abbé de Clervaux, & entre autres & nommément & restrictivement, *vt electionibus Abbatum Abbatissarumque possis adesse, & eas nomine nostro provisionaliter confirmare, eâ conditione, vt citiùs nobis instrumenta publica electionum transmittantur ab electis, & nostram specialem confirmationem expossant & recipiant.* De sorte que tout ce qu'ont fait lesdits Eugene Vandevelde & Martin Collé aprés ce temps, qui peut estre de trois mois, sans avoir obtenu la confirmation definitive dudit sieur Abbé de Clervaux, est nulle & de nul effet, & la continuation de leur administration est une pure intrusion, qui emporte la desceance & la privation du droit qu'ils pourroient avoir acquis en vertu de l'élection, s'ils en auroient pû acquerir aucun, mais bien plus à l'égard dudit Martin Collé, qui n'a pû estre éleu à autre Abbaye que celle de Doest par les Religieux de ladite Abbaye, n'a pû estre nommé par le Roy Catholique qu'à ladite Abbaye de Doest, celle des Dunes estant hors la nomination du Roy Catholique, hors la confirmation du sieur Abbé de Baudeloo comme Vicaire, soit provisoire, soit deffinitive, cy-tenus pour Cottée par *F.*

ITEM pour montrer & justifier pardevers V. MAJESTE' que ladite pretenduë translation n'a pas seulement été faite contre le gré des anciens Magistrats & consentement des habitans de la Chastellenie de Furnes, & que le Magistrat moderne de lad. ville & Chastellenie; forme derechef des oppositions & supplie mesme V. MAJESTE' de vouloir maintenir & proteger les Suppliants dans leur droit & de leur Abbaye des Dunes à Bogard, produisent lesdits Abbé & Religieux des Dunes, une seule piece dattée du 17. Mars 1683. qui consiste en deux points, le premier est l'atestation & certification des pieces cy dessus produites que lesdits Bourgmestres & Echevins ont fait tirer, de leurs Archives. Le 2. l'humble supplication dudit Magistrat adressé à V. MAJESTE' par laquelle il supplie de conserver ladite Abbaye audit Bogard ou elle est tres-bien restablie & d'édifices & de monde par les soins de l'Abbé moderne mis par V. MAJESTE', & pour les raisons & considerations locales du pays & du voisinage, du soulagement des pauvres de la Chastellenie & assistance temporelle & spirituelle que lesdits Abbé & Religieux doivent aux sujets de V. MAJESTE' & sert à justifier tout ce que dessus & demeuré, cy cottée *G.*

ITEM pour montrer & justifier qu'il est defendu à tous Abbé, Religieux & Convent de l'Ordre de Cisteaux de fonder, changer, transporter ailleurs aucune Abbaye sans le prealable consentement du Pape & du chapitre general, comme a pretendu de faire ledit sieur Abbé Campmans à peine aux Abbés d'étre privez de leurs Abbayes & aux Convents de retourner en leur ancienne demeure: les Abbé & Religieux des Dunes à Bogard produisent deux pieces contenant trois Extraits.

LA premiere font deux Extraits écrits sur la mesme feüille dont l'un est tiré du livre intitulé *Nomasticon Cisterciense* imprimé à Paris en 1664. qui se trouve *fol. 275. ch. 5. & fol. 498. ch. 2.* Le second Extrait du troisiéme livre des decretales titre 17. chap. 1. confirmé par la regle 13. de la Chancellerie Apostolique par lequel il est dit que nul Ordre ny Convent se transportera & changera totalement de lieu sans avoir obtenu la permission speciale du S. Siege.

LA seconde est un extrait tiré du Livre des Privileges de l'Ordre de Cisteaux accordés par les souverains Pontifs & Roys tres-Chrestiens qui se trouve *fol. 76.* dans la Bulle de Pie IV. donnée en 1563. 2. Octobre par laquelle il est deffendu à tous Prelats d'unir, supprimer, éteindre & transferer leurs Monasteres, mesme à la sollicitation des Rois & des Princes, lesdites deux pieces cy cottées *H.*

ITEM, quoy qu'on ait suffisamment contredit aux Abbé & Religieux de Doest lors qu'ils alleguent pour obtenir du Roy Catholique leur pretenduë translation que lesdites Abbayes des Dunes & Doest n'avoient les moyens de se retablir à moins qu'elles ne fussent unies: Pour réponse lesdits Abbé & Religieux des Dunes à Bogard, ne voulans parler de leur Abbaye des Dunes laquelle estoit pour lors establie comme dit est tres-florissante comme il est apparu, disent avec verité que l'Abbaye de Doest au temps de la translation faite avec le sieur Evesque de Bruges en 1624. possedoit suffisamment dequoy se retablir ou hors la ville de Bruges, ou dans icelle: car outre les biens qu'elle possedoit & possede encore pour l'heure dans le franc de Bruges qui rendoient alors quatorze mil Florins & davantage, elle joüissoit paisiblement au pays & Chastellenie de Hulster proche Anvers de 1445. bonniers de terre, qui font 4435. mesures, chaque mesure contenant trois cens verges, chaque verge de 14. pieds outre plusieurs autres terres acceptées il n'est parlé du nombre comme il conste par six articles écris en Flamand de la main propre de Dom Michel Bultink Abbé deffunt & traduits fidelement en François comme la partie mesme en pourra juger, cottés lesdits articles par les Lettres A, 2. B, 2. C, 2. D, 2. E, 2. & F, 2. dont lesdits Abbé & Religieux des Dunes à Bogard n'en produisent icy que quatre par coppies collationnez par le Notaire publique & substitut du Greffier civile de Bruge F. Ærts cottez B, 2. C, 2. E, 2. F, 2. mettant pour employ l'Original & coppie des deux autres cottés A, 2. & D, 2. qui se trouvent au Archives desdits Abbez & Religieux de Doeſt à Bruges , leſquels deux articles contiennent 1325. bonniers ou 3975. meſures , deſquels biens leſdits Abbé & Religieux des Dunes à Bogard laiſſent a juger ſi ladite Abbaye de Doeſt n'avoit pas pour lors & en 1624. 1625. 1626. & 1627. dequoy ſuffiſamment pour ſe reſtablir leſdites pieces cy cottée I.

A Ces Causes SIRE, il plaiſe à V. Majeste' donner Acte auſdits Abbé & Religieux des Dunes à Bogard, de ce que pour ſatisfaire à l'Arreſt d'évocation de V. Majeste', & de reglement ſur les appellations, pour réponſes aux pretendus moyens d'appel, & de nullité, fournies ſignifiés de la part deſdits Abbé & Religieux de Doeſt , de la Sentence & ordonnance de confirmation & inſtitution du ſieur Abbé de Clervaux du 1. Aouſt 1678. & 16, Mars 1681. ils emploient le contenu cy-deſſus, & pour moyens de droit & avertiſſement ſur les complaintes reſpectives, pour raiſon du poſſeſſoire de ladite Abbaye des Dunes à Bogard , ils emploient pareillement les moyens cy deſſus expliquées, & dans la precedente Requeſte de production, ce faiſant qu'il plaiſe à V. Majeſté , debouter & declarer leſdits Abbé & Religieux de Doeſt , non recevables en leurs appellations, ordonner que ce dont eſt appel ſortira ſon plein & entier effet , & condamner leſdits appellans en l'amende du fol appel , & aux deſpens, donner acte auſdits Abbé & Religieux des Dunes à Bogard , de ce que pour addition de production nouvelle, ils produiſent les pieces cy-deſſus produites, ſuivant les moyens cy-deſſus expliquez , & de ce que pour réponſe & contredits avx pieces cy-deſſus produites, & induites de la part deſdits Abbé & Religieux de Doeſt, ils employent les moyens expliquez cy-deſſus, à ce que ſans avoir égard auſdites pieces produites de la part deſdits Abbé & Religieux de Doeſt , moiens raiſons & inductions d'icelles, les fins & concluſions priſes par leſdits Abbé & Religieux des Dunes à Bogard , par les precedentes Requeſte & productions, leurs ſoient faites & adjugées, tant en principal , reſtitution des fruits, & retabliſſement des lieux en eſtat qu'ils eſtoient lors de l'uſurpation, & tranſmigration furtive & clandeſtine des lieux, raport de tous les meubles pretieux, ornements, & argenteries, Reliques, & nomment du corps du Bienheureux Ideſbalde Abbé de ladite Abbayes des Dunes , tranſporté furtivement & clandeſtinement de l'Abbaye des Dunes à Bogard, en celle de Doeſt à Bruges , tous les fruits de ladite Abbaye perceus, & à percevoir, qu'ont pû ou dû eſtre perceus, en nature s'ils ſont encore exiſtants, & non conſommez, ſinon la juſte valeur d'iceux , ſuivant l'eſtimation au dire d'Experts & gens à ce connoiſſans dont les parties conviendront, ſinon nommées par V· Majeſté , & en tous les dépens de l'inſtance , & leſdits Abbé & Religieux des Dunes à Bogard continueront leurs prieres pour la ſanté & proſperité de Vôtre Majeste'.